CADL と「らしさ」

~本人支援の"新しい視座"~

CADLと「らしさ」 ～本人支援の"新しい視座"～
目次

はじめに ……………………………………………………………………… 4

理論編	CADL理論とはなにか ………………………………………	5
理論①	「CADL理論」の誕生とイノベーション ………………………	6
理論②	CADL理論と「逆ピラミッド型欲求階層説」 ～モチベーションとやる気スイッチ～ ……………………	8
理論③	CADL理論の促進環境と阻害環境 …………………………	10

CADLワード CADLの「3つのC」、主観的幸福感 …………………… 12

実践編	CADL理論とケアマネジメント ……………………………	13
実践編①	CADLとインテーク …………………………………………	14
実践編②	CADLとアセスメント ………………………………………	15
実践編③	CADLと暮らしの「7つの楽しみ」 ………………………	16
実践編④	意欲・動機づけシートで「やる気スイッチ」探し ………	18
	私の「意欲・動機づけ」シート ……………………………	19
実践編⑤	CADLのプランニング ………………………………………	20

CADLワード ifクエスチョン（ミラクル クエスチョン） …………… 22

実践編	CADLでプランニング ～「らしさ」と「つながり」～ …	23
CADL理論と「らしさ」 ………………………………………………………		24
CADL理論と「つながり」 ……………………………………………………		25
趣味①	CADL理論と「趣味の力」 …………………………………	26
趣味②	創作系（能動的） ……………………………………………	28
趣味③	鑑賞・収集系（受動的） ……………………………………	30
趣味④	学び・手習い系（受動的・能動的） ………………………	32
趣味⑤	イベント・行事系（受動的・能動的） ……………………	34
趣味⑥	スポーツ・運動系（能動的） ………………………………	36
趣味⑦	ゲーム・遊び系（能動的） …………………………………	38
趣味⑧	遊興ギャンブル系・投資系（能動的） ……………………	40
趣味⑨	観光・旅行（能動的） ………………………………………	42

CONTENTS

役割　仕事・貢献（お世話・ボランティア） …………………………… 44
心の支え　信心・信仰・宗教 …………………………………………… 46

CADLワード　未来志向、「固有の名（固有名詞）」のチカラ ……… 48

ADL実践編　ADLの「らしさ」〜プランニング〜 ……………………… 49
ADL実践編①　ADLの「らしさ」 ………………………………………… 50
ADL実践編②　CADLと「食べる」 ……………………………………… 52
ADL実践編③　CADLと「移動」 ………………………………………… 54
ADL実践編④　CADLと「身なり・身だしなみ」 ………………………… 56
ADL実践編⑤　CADLと「入浴」 ………………………………………… 58

CADLワード　自分ガイド（私のトリセツ）、
　　　　　　　「ファミリーヒストリー」と「ライフヒストリー」 ……… 60

IADL実践編　IADLの「らしさ」〜プランニング〜 …………………… 61
IADL実践編①　IADLの「らしさ」 ……………………………………… 62
IADL実践編②　CADLと「料理」 ………………………………………… 64
IADL実践編③　CADLと「買物」 ………………………………………… 66
IADL実践編④　CADLと「室内装飾（デザイン）」 ……………………… 68
IADL実践編⑤　CADLと「コミュニケーション」 ………………………… 70

CADLワード　ライフレビュー（人生の振り返りと評価）、
　　　　　　　コミュニケーション・ケア ……………………………… 72

資料編　CADLの見える化　〜「まち歩き」で"発見！"「地域支え合いマップ」に記録〜 … 73
まち歩き ……………………………………………………………………… 74
地域支え合いマップ ………………………………………………………… 75

あとがき ……………………………………………………………………… 76
著者紹介 ……………………………………………………………………… 78
参考文献 ……………………………………………………………………… 79

はじめに

　CADL…これからのケアとケアマネジメントのイノベーションとなる「新しい概念」です。

　CADLの必要性を感じたのは2002年のことです。介護保険制度がスタートして数年後、ICF（国際生活機能分類）が導入されました。私はこの考え方にとても衝撃を受けました。

　それまで続いてきたICIDH（国際障害分類：1980）は「疾病の帰結（結果）に関する分類」とされてきた考え方でしたが、それを「生活機能」の視点で発展させたのがICFでした。ICFは「生きることの全体像」であり「共通言語」であると示されました。「健康の構成要素に関する分類」を共通性のある「心身機能・構造」だけでなく、個別性として「活動」「参加」を組み込み、その背景因子として「環境因子」と「個人因子」を位置づけたことは画期的でした。またマイナス面から「プラス面」に着目する全人的なとらえ方にも共感しました。

　しかし、上田敏氏（日本障害者リハビリテーション協会顧問／元東京大学教授）は「ICFは客観的な分析には非常にいい枠組みだが心の中（主観的次元・主観的体験）を考えていない」とし、障害を克服しようとする心理的コーピングスキルと対処・克服することにより獲得する「新しい個性」の重要性を説き、「生活機能の主観的次元」（試案）を提案しました。

　現在のケアマネジメントとケア実践、医療は心身機能と構造、ADL・IADL、疾患管理のサポート中心のため、「心のケア」は寄り添いレベルで十分ではありません。その理由は「心の支援」がアセスメント領域及び支援領域・支援技術として確立してこなかったからと考えます。

　CADL（文化的日常生活活動・行為：Cultural activities of daily living）は主観的次元をアセスメント領域としての確立をめざすだけではなく、本人の「主観的幸福感」の実現をめざし、生活モデルから個人としての「生き方モデル」の確立を志向する考え方です。「プラス面」や「強さ・強み」に着目する能力視点だけではなく、「マイナス面」や「弱さ・弱み」も「人間的幅」「魅力」として肯定的する「全人的視点」に立ちます。「その人らしさ」という支援者目線でなく、逆ピラミッド欲求階層説の立場に立ち、認知症・看とり期になっても重要な本人の「らしさ」の実現をめざします。

　CADL理論は「個人」の誰にも備わる豊かで多様な「らしさ」に着目します。そして過去と現在に地続きでつながるかけがえのない「あった私・ある私」を尊重し、「これから」の輝く「なる（成る）私」をともにめざします。

　ケアマネジメントとケア実践はCADL理論で変わります。

高室成幸

（CADL提唱者）

理論編

CADL 理論
とは
なにか

理論① 「CADL理論」の誕生とイノベーション

介護保険制度が始まって25年。当時の高齢者は明治・大正生まれでした。2025年に団塊世代が後期高齢者となり、以来、「新しい高齢者の波」の真っ只中にいます。まさに「新高齢者（ニューシニア）」の誕生です。次世代のケアとケアマネジメントに求められるのは「できないこと（ネガティブ）」サポートだけでなく「できていること・やってみたいこと（ポジティブ）」サポートへの大転換が求められています。その理論的支柱となるのがCADL理論です。

3つの支援モデルとICFモデルから生まれた「CADL理論」

1990年から始められた介護保険制度の準備は「ゴールドプラン、新ゴールドプラン」とネーミングされ、省庁・関係機関をあげて進みました。制度の仕組みはドイツ型、運営はアメリカ型（準市場化）、相談支援はイギリスとアメリカ型（ケースマネジメント、ケアマネジメント）、財源は社会保険方式を取り入れました。のちの成年後見制度はカナダが大元になっています。

日本のケアマネジメントには3つの支援モデルがあり、専門領域ごとに一定の解釈が次のように定まっています。

・医学（医療）モデル
　疾患や障害を中心に病状の診断・治療・看護・リハビリテーションなどの医療行為に基づくケアを提供する。

・社会モデル
　学校や職場、建造物、慣習や制度、文化、情報などは健常者を基準にしたものであり、「障がい」は社会と個人の関係性によって作り出されるもの（障壁）と考え、その障壁を取り除くのは社会の責務であり社会の課題として捉えます。住まいや地域の環境、コミュニティ、ボランティアなどの社会的な支援を重視する。バリアフリーやユニバーサルデザインなどは社会モデルから発想された社会的アプローチといえる。

・生活モデル
　個人と生活全体（生活環境）の関係性を重視し、QOL（生活の質）の向上と自立支援を目指す。個々人のQOL（生活の質）の向上をめざし、個別性が高い生活上のニーズ（日常生活で必要な支援：食事、料理、掃除、買い物、入浴など）に応じた支援をする。趣味や娯楽の支援から就労支援、リハビリテーション支援まで含む。

注目すべきは、これらの3つのモデルが、利用者の「意欲（モチベーション）」に直接アプローチするわけではなく、医療・看護的ケアの提供、社会・環境的な障害（バリア）の解消（バリアフリー）、生活上の困りごとへのパーソンサポート（介護）に限定されている点です。

見落とされがちなのが「支援者側のアプローチ」が基本スタンスであることと、アセスメントが「自立、一部自立、全介助」という大まかな3つの評価軸で行われていることです。このアセスメント項目に被支援者側（利用者側）の「満足度（CS）」や「主観的幸福感（充足感）」は含まれません。つまり「できる、できない、ちょっとやばい」で利用者（患者）を評価しても、被支援者側（本人）の心理的衝動である「意欲、動機、満足、充足」に向き合うのでなく、「寄り添い」という支援者側の思いの言葉や「伴走型」を冠することで「やっている感」を装ってきただけなのではないでしょうか。

ICFモデル（国際生活機能分類・図参照）について上田敏氏（リハビリテーション医学）は「ICIDH（国際障害者分類）は障害というマイナス面だけに注目していたが、ICFは生活機能というプラス面に注目した画期的なもの」と高く評価しました。しかし「ICFは客観的な分析にはいい枠組みを提供したが心のなか（主観的次元：障害を克服しようとする認知的・情動的・動機づけ的な心理状態）をまったく考えていない」（出典：「ICFの理解と活用」KSブックレットNo.5）と批判しています。試案として「主観的満足度」や「人生と自己の価値・意味・目標、人間関係、集団への帰属感」などの重要性を提案しました。

ICFモデルで十分に包摂されなかった主観的領域（個人因子）と集団・社会における役割・貢献領域（環境因子）における「幸福感（充足感）」の体系化をめざしているのがまさにCADL理論なのです。

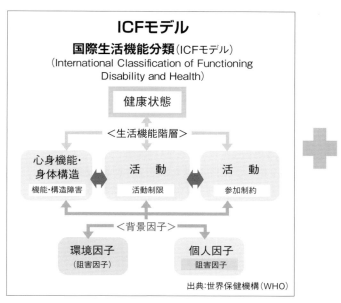
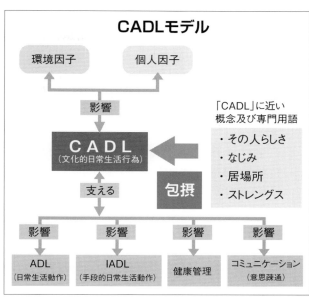

「CADL」がめざす生き方モデル

CADL理論を次のように定義します（図参照）。

※下線は筆者が記入

> 「CADL（文化的日常生活活動・行為：Cultural activities of daily living）とは、ICF（国際生活機能分類）の個人因子と環境因子に依拠し、参加・活動を含む日常生活で行う本人の文化的な生活活動・行為及び要素をいう。「本人らしさ（自分らしさ）」の尊重と擁護と主観的幸福感の実現を目指す。主な領域に「楽しみ、趣味、役割、関係、仕事、参加・交流、学び、こだわり」などがあり、ADLやIADL、健康状態、身体認知機能の維持・改善・向上にも影響を与える。人間としての尊厳領域（生きて在ることへの肯定）として位置づけられ、心の機能が低下しても認知症や看取り期までを含めて本人を支える「基本要素」となる」

・**生き方モデル**

CADL理論では利用者「個人」の自立・自律と主観的幸福感（ウェルビーイング）を基本とした「**生き方モデル（Life styleモデル）**」の立場をとります。生き方モデルは主観的領域（個人因子の理解と尊重）と集団・社会における役割・貢献（環境因子への働きかけ）を重視し、本人の生き方（人生観・価値観・文化性を含む）を尊重する「主観的幸福感」の実現を目指します。これを支える社会資源として、インフォーマル資源を「心のケア資源」として重視します。

CADL理論では3つの「C」を重視します。第1の「C」は「Culture（文化）」です。文化は国別、地域別、年代別に人々の生活様式や生活習慣・価値観、生活行動（食事、身なり、話し方）、さらに伝統的な祭りや行事に色濃く表れます。また「本人らしさ（自分らしさ）」や集団のアイデンティティ形成に重要な役割を果たします。

第2の「C」は「Cultivate（耕す、磨く、洗練する）」です。「学びたい・成長したい」とポジティブに生きたいと考えることを「文化性」と解釈します。

第3の「C」が「Create（創造）」です。「これから」の新しい生活（人生）は単なる「これまで」の延長線上でなく、未来形で創り上げるポジティブな「創造的行為」（成る私）と位置づけます。

これまでのケアマネジメントは「行いを支援（自立支援）」が中心で「決める（意思決定）」ことの支援（自律支援）「思いの支援」は不十分でした。CADL理論によって「自分らしさ」を尊重した「生きて在ることへの肯定」を理論的に支えることが可能となります。ADL・IADLなどの生活機能を支える心身機能、認知機能の維持・改善・向上をめざすケアマネジメントにおいて、本人を意欲・動機づける「説明（対話含む）と合意」がなければ、「義務・強制」と解釈され、利用者の意欲を減退させるだけでなく、反発・抵抗・クレームを誘因することにもなりかねないでしょう。CADL理論は「本人らしさ（自分らしさ）」を基軸にしたケアとケアマネジメントのイノベーションをめざします。

理論② CADL理論と「逆ピラミッド型欲求階層説」
～モチベーションとやる気スイッチ～

マズローの欲求五段階説は、人間の動機づけを基本的な生理的欲求から自己実現までを「階層構造」で捉え、より下位の欲求が満たされることで上位の段階に発展するシンプルなモデルです。CADL理論では生理的欲求が満たされない状態でもCADLの視点からの動機づけにより人間は自己実現の段階をめざすことにより「主観的幸福感」を得ることができる「逆ピラミッド型欲求階層説」を提唱しています。

マズローの「欲求五段階説」への疑問

CADL理論を考察するうえでアメリカの心理学者・マズローの欲求五段階説は示唆に満ちています。マズローは人間の基本的欲求には「階層的な構造」があり、基本階層の欲求が満たされると、より高次の欲求が生じるとしました。次にあげるのが5つの階層欲求（**右図**）です。

- **生理的欲求**：生存に必要な欲求で食物、水、空気、睡眠、性欲など
- **安全の欲求**：安全な環境や状況、住環境、仕事の安定性など
- **所属と愛の欲求**：他者との関係や社会的なつながり、グループや家族を含めたコミュニティへの所属など
- **尊重・尊敬の欲求**：自己及び周囲（組織・集団・グループ）からの尊重と尊敬など
- **自己実現の欲求**：自己成長や自己実現を追求する欲求。創造性、個人的な目標の達成など

欲求5段階理論では「低位の基本的欲求が満たされない限り、より高次の欲求は生じない」とされていますが果たしてそうでしょうか。

CADL理論では、ターミナル期のガン患者や難病の人たちが情熱的に旅行やスポーツ、講演、手記の出版などにチャレンジすることを「自己実現の欲求」ととらえます。

要介護状態のご本人が、生理的・安全の欲求が満たされなくとも自己の存在（生きて在る・成ることの証明）に通ずる使命感に動機づけられ、SNSなどで積極的に発信するケースも増えてきました。まさにそれが「本人らしさ（自分らしさ）＝人生の幸福感」です。CADL理論では「逆ピラミッド型欲求階層説」（**右図**）をめざします。

CADL理論は「逆ピラミッド型 欲求階層説」

CADL理論では、マズローの「欲求五段階説」ではなく、自己実現の欲求を最大値とする「逆ピラミッド型欲求階層説」（提唱：高室成幸）の立場をとります。生命・安全の保障やADL・IADLの向上、心身機能および状態・体調の改善が自己実現の欲求の前提条件であるとは考えません。

むしろ生理的欲求や安全の欲求が「満たされない」状態に置かれるほどに、「主観的幸福感」は「所属の欲求」や「尊敬・承認の欲求」、さらには「趣味、楽しみ、社会参加、人との交流、学び、自己表現」などにおいて感じることが可能で、本人が意味や価値を見出す「自己実現の欲求」ではさらに高くなると考えます。つまり「主観的幸福感」は生理的欲求や安全の欲求が不十分であっても獲得できるという立場に立ちます。

CADL理論で重視する「主観的幸福感」とは、本人が自身の人生観や価値観に基づいた「本人らしさ（自分らしさ）」を尊重した生活（人生）を認識するための重要な概念です。

主観的幸福感は、他者の評価や客観的な基準で測られるものではなく、本人が「幸福（幸せ）である」と感じる状態を指します。

人によって幸福の源泉（みなもと）は異なり、家族や友人との交流が主観的幸福感になる人もいれば、一人で静かに過ごす時間が主観的幸福感で満たされる人もいます。「主観的幸福感」は身体的な健康だけでなく、精神的な充足感や社会的なつながりも含む包括的な概念です。CADLが提唱する「生き方モデル（Lifestyleモデル）」の根源的理念です。

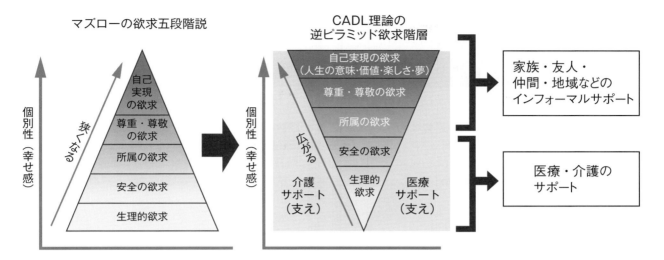

身体機能や認知機能が低下しても、看とりの期間になっても「心の充足感、温かい人間関係」を感じられれば、それは「主観的幸福感」につながります。

自己実現の欲求と"やる気スイッチ"

CADL理論において「やる気スイッチ」は、「自己実現の欲求」を引き出し、本人を内発的に動機（意欲）づける概念（キーワード）として位置づけています。また「かつての自分を取り戻したい」という「レジリエンス（回復力）」のきっかけとなります。

人は自らが望む目標や姿、あり方に喜びや憧れ、期待感、意欲を感じることで、前向きに発想・行動し、生活（人生）に充実感を得る行動をとります。「やる気スイッチ」は、単に好きなこと（やりたいこと）、趣味にとどまりません。「これがあると人生が豊かになる」「これがあると心が満たされる」と感じる根源的な要素を指します。これはそれまでの人生経験から得られたものもあれば、本人さえ意識していない「潜在的な願望」であることもあります。例えば、10代に熱中していた趣味を再開することもあれば、自分が実際にしていなくても憧れていたこれまでの思いが「やる気スイッチ」となり、リハビリや日常生活動作の改善に意欲を持たせるきっかけになることもあります。

「やる気スイッチ」は人それぞれに異なります。ある人にとっては、かつての仕事や社会的役割がそれにあたるかもしれません。あるいは、家族や友人との交流、地域活動への参加が大きな刺激になるかもしれません。

そのため、CADL理論では、本人の個別性の高い「やる気スイッチ」を丁寧に探り、それぞれの心身の状況や意欲に合わせた支援を行うことが求められます。

「やる気スイッチ」は、単なる楽しみや喜びにとどまらず、自己肯定感（自己有用感含む）や生きがい、社会とのつながりといった深い心理的な要素とも関係しています。かつて地域活動に積極的だった人が再び関われる機会を持つことで、自己肯定感（※自己有用感を含む）が高まり、生きる意欲を取り戻すことがあります。このように、「やる気スイッチ」を刺激することは、単に日常生活を充実させるだけでなく、本人の人生全体をより豊かにする可能性を秘めています。

「やる気スイッチ」を探る方法には、熱中していた・大切にしていた趣味や遊び、楽しかった経験に耳を傾けることが有効です。そのツールとして開発されたのが「意欲動機づけシート」です。聴き取りでは、何に興味を示し、どのような表情をするかを観察し、言葉以外のサイン（例：表情の変化、声の音色、動作）にも注意を払うことが重要です。

CADLは、「できないこと」に着目するのではなく、「できること」「できそうなこと」や「やってみたいこと」に焦点を当てるポジティブな視点を持っています。この視点が、本人の「やる気スイッチ」を効果的に刺激します。

「やる気スイッチ」は、本人が自らの人生を主体的に生きるための原動力です。支援者が決めるものではなく、本人が「これだ！」「これかな？」と感じるです。CADL理論では、この「やる気スイッチ」を自己実現の欲求の「きっかけ」として重視することで、本人の生活の質を向上させ、より豊かな人生を支援することを目指します。

理論③ CADL理論の促進環境と阻害環境

CADL理論を現場で実践するために「促進環境」と「阻害環境」の理解は重要です。イノベーションとは革新・変革のことです。CADL理論はケア実践とケアマネジメントのイノベーションを目指します。CADLが求められる社会的背景（長寿化、就労寿命の長期化）と必然性（ニューシニアの誕生）だけでなく、日本国憲法にも保障されている幸福追求権（第13条）を支えるのがCADL理論という点もしっかり理解しておくことが重要です。

「ニューシニア」がCADLを求めている

2025年に後期高齢者層に戦後生まれの団塊世代（1946年～49年生まれ）が加わりました。戦後生まれのベビーブームで生まれた人口はなんと2,500万人です。

その特徴は、同世代との競争を勝ち抜くために「自己主張（個性）が強く議論好き」とされます。戦後の民主教育と英米文化の影響をモロに受けて育ったので、反体制・自由・平等への憧れが強く、それが新しいムーブメントの創造につながり、音楽シーン（ロック、Jポップ）や新しい生活スタイル（ロハス）、ジェンダー意識や男女共同参画などに大きく影響を与えました。

とはいえ高度経済成長下、「24時間戦えますか？」のモーレツサラリーマン（女性なら総合職）としてがんばってきた二面性を持ち合わせています。

大量生産・大量消費の寵児でもあり、日本経済の「豊かさ」のど真ん中を経験してきたのが団塊世代高齢者（ニューシニア）です。人生（生活）を主体的にコントロールすることを望み、「受け身的なケア」や「一方的なケア」を嫌います。つねに「新しさ」をめざし、「自由、平等、創造的」であることを最大の価値とする新高齢者です。

CADL理論が求められる3つの「促進環境」

ADLが「生命活動の領域」ならIADLは「暮らしの領域」であり、CADLは「心の豊かさの領域」です。

利用者は「かけがえのない個人」です。本人の「自分らしさ（個別性）」に着目し、人生を「物語（ストーリー）」と理解することでCADLの支援は可能になります。

促進環境①「その人らしさ」から「本人らしさ・自分らしさ・私らしさ」の定着

2020年までは「寄り添った言葉」として「その人らしさ」がメディアや介護・医療現場で好まれて使われてきましたが、その後、見る機会が激減しました。「その人らしさ」が支援者目線であることに現場が気づき始めたからでしょう。代わって本人目線の「本人らしさ（自分らしさ、私らしさ）」という表現が広まっています。CADL理論では「本人らしさ」あるいは「らしさ」と総称します。

促進環境②パーソンセンタードケアとの高い「親和性」

認知症ケアの「パーソンセンタードケア」（認知症の人を"一人の人間"として尊重し本人の立場に立つ）がめざす「よい状態であるための5つの要素」に「自分らしさ（Identity）」があり、「結びつき（Attachment）」では人と人、モノ・できごととのつながりを重視します。CADLと高い親和性をもつことがわかります。

促進環境③ケア現場の新しい「個別ケア＝固有名詞重視」の流れ

CADL理論では「固有名詞そのものが持つチカラ」をとても重視します（**CADLワード⑤ P48参照**）。「甘いものが好き」でなく「ケーキが好き」、さらに「銀座○○の△△マカロンが好き」を知る・わかる・尊重することこそ「個別化」です。これまではジャンル（例：歌が好き）程度でした。これからは「固有名詞」（例：歌謡曲→西城秀樹→ヤングマン）から組み立てる個別ケアは、「本人目線のケア」をめざすCADLモデルのケアといえます。

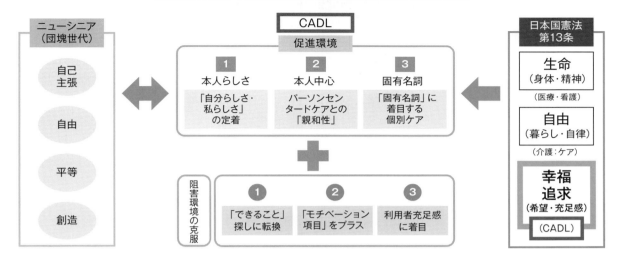

新高齢者と日本国憲法の「幸福追求権」を支えるCADL

CADL理論の「阻害環境」克服のポイント

CADLは新しいケア理論であり現場のケア実践にも影響を与えます。イノベーションには「これまでの常識」との摩擦はかならずあります。CADL理論に取り組む阻害環境を克服するための3つのポイントをおさえます。

克服①できない大合唱を「できること」探しに転換するチャンスと発想

CADLは質の高い個別ケアをめざすため「一定の手間」が必要となります。不十分な理解だと「疾患・人手・時間・コスト・事故」を理由にした「できない大合唱」が始まるかもしれません。それに同調圧力が働くと、せっかく意欲的になった現場は思考停止するかもしれません。これが「質の高いケア・利用者本位のケア」を阻んできた意識のカベの1つです。支援者目線のできない理由探しにやっきになるのでなく、本人のCADL実現のために「どうやればできるか」と、現場の発想自体を可能性の探求型に変えるチャンスです。

CADL理論の「個別ケア」の考え方と手法を学び実践することで利用者との関係性は豊かになり、現場の理解を深めることができます。

克服②アセスメント23項目に「モチベーション項目」をプラス

従来のアセスメント標準23項目はADL・IADL、健康状態、意思疎通が中心でCADL的項目はほとんどありませんでした。「モチベーション」(例：価値観、楽しみ、趣味、学び、レジャーなど)をメインに置いたアセスメントシート(例：意欲動機づけシート)を使って利用者にヒアリングを行うと知らなかった一面に出会え(促進環境③)、「本人らしさ」に着目したより質の高い個別ケアが可能となります。

克服③安全・安心のケアに「希望・充足感」をプラス

これまでのケア技術は利用者のADLと健康管理、事故防止、介護者の安全・安心が第一でした。結果、個人の希望や充足感はないがしろにされ(見て見ぬフリ=無視)、仕方ないこと(=ガマンを強いる)とされてきた傾向は否定できません。

CADL理論は「**人生は物語。その主人公は本人**」の立場をとります。安全・安心を守りつつも、リスクを含めて「意思決定と充足感=主観的幸福感」を中心に置いた利用者支援スタイルをめざします。

CADL理論は基本的人権の保障に通じます。その法的な根拠は日本国憲法の第13条にあります。

> 「すべて国民は、個人として尊重され生命、自由及び幸福追求に対する国民の権利については、公共の福祉に反しない限り、立法その他の国政の上で、最大の尊重を必要とする」(傍線、筆者)

医療・介護の現場でどれだけ「個人として尊重」され「幸福追求権」(Well-being)が最大に尊重されてきたでしょうか。ケア現場における憲法第13条そのものの実現をめざすのがCADL理論です。

CADLワード① CADLの「3つのC」

CADL（文化的日常生活行為）は、従来のADL（日常生活動作）やIADL（手段的日常生活動作）のアセスメントで重視されてこなかった、「生きがい、心地よさ、暮らし方（生活様式、ライフスタイル）」など、個人のより文化的な側面に着目・評価する「新しいアセスメント領域」です。

CADLの「C」はCulture（文化：C：カルチャー）を意味し、この概念がCADL理論の中核です。文化は、国（国籍、民族）や地域（都道府県、市町村、日常生活圏域、集落など）、年代によって異なり、人々の生活様式、生活習慣、価値観、生活行動（食事、身なり、話し方）などに色濃く表れます。伝統的な祭りや行事なども文化を形成する重要な要素です。文化は、個人や集団のアイデンティティ形成に重要な役割を果たします。

CADLでは、文化だけでなく、耕し（cultivate）、磨き、洗練するという側面も重視します。これは、高齢や障がいのある人になっても「学びたい、成長したい」という意欲も基本的欲求だからです。CADLでは、単に「穏やかな日々」を送るだけでなく、交流や関係づくり、自己成長、社会貢献など、主体的な高齢者や障がい者の活動を重視します。さらに第3の「C」が「Create（創造）」です。「これから」の人生を創造することを重視します。

CADLの理論的基盤に世界保健機関（WHO）の国際生活機能分類（ICFモデル：2005年）があります。ICFモデルは、健康状態は「心身機能・身体構造、活動、参加及び環境因子・個人因子の要素が相互に影響し合う」という考え方に基づいています。一方で、ICFモデルは、生活機能の客観的な分析には適しているものの、人の心のなか（内面的自我、意思・意向）を十分に考慮していないという限界が指摘されてきました（上田敏・著「ICFの理解と活用」発行：きょうされん）。

CADL理論では、ICFモデルの個人因子と環境因子と参加や活動を含む日常生活で行われる文化的な生活活動と行為に着目します。具体的には、「楽しみ、趣味、役割、関係、仕事、参加・交流、学び」と「こだわり（自己流・自分流のやり方やスタイル、ポリシー）」などを含みます。また、ADLやIADL、健康状態だけでなく、認知症や看取り期まで本人を支えることができます。

CADLワード② 主観的幸福感

CADL理論で重視する「主観的幸福感」とは、本人が自身の人生観や価値観に基づいた本人の「らしさ」を尊重した生活（人生）を認識するための重要な概念です。主観的幸福感は、他者の評価や客観的な基準で測られるものではなく、本人が「幸福（幸せ）である」と感じる状態を指します。

CADL理論では、身体機能や生活機能、日常の活動レベルだけでなく、「人生の意味や価値を見出せているかどうか」を重視します。

従来のケアマネジメントでは、「その人らしさ」という第三者的な支援者側の印象や評価・判断、客観的な心身の機能や健康状態の指標に基づき「幸福感・満足感」があいまいに推測・決めつけされてきました。判断能力が低下しやり取りできない意思表明が困難な状態になると支援者側の「わからない」という一方的な評価・判断で無視されることになり、「本人にとっての幸福感」が十分に考慮されない支援が行われることが続いてきました。

CADL理論では、本人がどのようなことに喜び・楽しみ、生きがい、役割の貢献感、満足感・成功感などを感じ、どのようなことに価値・意味を見出しているのかを理解することを重視します。

「主観的幸福感」を支えるためには、支援者が本人の「心の声：内面で思っていること」に耳を傾けることが必要です。過去の喜びや悲しみ、現在の喜びと苦しみ・つらさ、将来の願い・ジレンマを丁寧に聴き取り、背景にある価値観やこだわり、感情・思いを理解することで、より本人に寄り添ったケアが可能になります。続けてきた（やりたかった、憧れてきた）趣味や楽しみなどに再び取り組めることは、本人にとっての「主観的幸福感」につながります。

CADL理論では、「医療モデル、社会モデル、生活モデル」を発展させた、「個人」の自立・自律と主観的幸福度を基本とした「生き方モデル（Life-styleモデル）」を提唱します。主観的領域（個人因子の理解と尊重）と集団・社会における役割・貢献（環境因子への働きかけ）を重視し、本人の生き方（人生観・価値観・文化性）を尊重する「主観的幸福感」の実現をめざします。

実践編

CADL理論とケアマネジメント

| 実践編① | CADLとインテーク |

インテークは利用者（家族）との「初対面」という大切なタイミングで行われます。本人だけではなく家族にとっての「らしさ」を把握するために聴き取りだけでなく、動作・身振り、話し方・使う言葉、表情や反応、家の外観や庭の様子、玄関や居間・仏間の状況・清掃レベル、居室の状況・清掃レベルやにおい、室内装飾などにもアンテナを立て、日常生活のセンシティブな情報もていねいにキャッチします。

利用者基本情報の聴き取り

インテークでCADL理論を活用するポイントは、「いかに利用者本人の"らしさ"に着目できるか」です。

その際の「利用者基本情報」の聴き取りはとても大切な作業となります。「利用者の今とこれまでの状況を俯瞰するシート」であり、支援するための「カルテ」です。

〈利用者基本情報の項目〉
・今までの生活（生育歴、家族歴、家族構成、性格・価値観、職業歴、転居歴）
・一日の生活・過ごし方
・趣味・楽しみ・特技（得意）・役割
・友人・地域との関係

家族構成は「育てた家族」だけでなく「育った家族」（出身、きょうだい、旧姓）などが大切な情報です。本人の性格や価値観などに大きく影響しているからです。身内のつながりである「きょうだい、甥・姪」や配偶者の身内などとの関係性も大切です。

ポイントは「らしさ」の把握です。一般的に夫・妻や子ども、身内に見せる「自分」と仕事や地元の友人、遊び仲間に見せる「自分」を微妙に変えていたりします。

インテークの聴き取り時に「どのような印象を持たれているか」を質問するのも本人理解には効果的です。

これらの質問をいっぺんにはできません。モニタリングの訪問時に小分けにして聴き取るようにします。

趣味・楽しみ・特技・役割の聴き取りは「意欲動機づけシート」を活用すると効率的に行えます。文字が小さく見えにくいようなら「A3」サイズに拡大して、事前に記入をしてもらってから聴き取りをすると効率的です。

やりとりでは「らしさ」に着目する

「らしさ」は趣味や楽しみだけではありません。インテーク時だけでなく利用者（家族）とのやりとりを通して「らしさ」に着目をします。

外面的な「らしさ」とは、その人の「個別性」です。客観的な視点から見える特徴といえます。

「らしさの個別性」には、外見（身なり、体形）、行動パターンの特徴（動作、身振り）から、本人流（自分流）のやり方（例：食べ方、話し方、歩き方）など、細かい動作・仕草などの外面的な見え方（印象）に着目します。

重要なのは「らしさ」は環境や対象者によって「見せ方や対応が変わる・変える」（ペルソナ行動：親・友人・仕事など環境・対象により自己の表出をコントロールする自己演出行為）ことです。これは無意識下で行われることもありますが「らしさの多面性」として尊重します。

内面的な「らしさ」が「個性」です。

「個性」とは、生まれ持った性格や資質（体力、体質、能力、感覚、感情）、育った環境・経験によって形成される価値観や生活様式、考え方や判断・評価、経験や体験に付随する感覚・感情を含めた「内面的な要素」を指します。内面的なので客観的に把握できないので、やりとりを通して把握することがポイントです。

「どのように生きたいか・暮らしたいか、働きたいか・役に立ちたいか、人と関わりたいか、参加・活動したいか」という本人の「らしさ」はやり取りを通して聴き取ることがポイントです。

実践編② CADLのアセスメント

CADL理論のアセスメントは現状の分析にとどまらず、阻害要因と促進要因（環境）を見立て、本人が望む「これからの暮らし（未来形）」をどのようにサポートしていけばよいか、をプラニングする事前の作業です。「ifクエスチョン」（仮定質問）を使って、未来形で「望む暮らし（人生）」をシミュレーションします。

「できている」ことにも着目する

CADL理論では、アセスメントを「これから」の支援のための「見立て作業」と位置づけます。「全介助・一部介助・自立」の3区分評価はあくまでスクリーニングの結果です。

アセスメントでは、現在の心身の状況と生活状況を分析し、本人が望む「これからの暮らし（未来形）」をどのようにサポートしていけばよいかを「見立て」ます。

ここでのポイントは「できないこと」だけに着目しないこと。「できていること」に着目することで本人に自己肯定感が生まれ、維持・向上の動機づけがされます。

現状の困りごとの阻害要因（原因・要因、影響など）と本人がもつ促進要因（生活、価値観、体験、強さ・影響、つながり）を両面から分析を行います。

〈阻害要因分析のポイント〉

利用者の望む暮らしを妨げる要因を疾患や障がい、心理・精神面だけでなく、住環境や家族関係なども含めます。また性格（例：諦めやすい、他責感が強い）や気質（例：怒りっぽい）、こだわり（例：味つけ、身なり）などにも着目します。

「どのようにできないのか？（How）」を分析・整理するために、生活行為を身体動作・認知機能に細分化してみる、動いてもらい動作を観察するなども大切なアセスメント手法です。

〈促進要因分析のポイント〉

本人が「なんとかできている」ADL・IADLがあるならば、本人なりの工夫（成功体験）やがんばり（達成感）、こだわりのやり方（思い）を聴き取ります。

Ifクエスチョンで「未来形」のやりとり

アセスメントは「できない理由」探しではありません。事前のリスクの検討は大切ですが、そのプロセスで本人が望む暮らしを諦めてしまっては意味がありません。

ADLやIADLの困り事は介護サービス（保険外サービス含む）や医療によるサポートが可能です。しかし本人が受け身でお任せ姿勢になってしまい、本人なりの改善・維持への取組みがなければ自立支援にはなりません。大切なのは介護サービスや医療サポート、インフォーマルサポートなどを利用することで可能になる「望む暮らし（人生）」の見立てが具体的であり、本人がめざしたい課題設定や動機づけられるものになっているかです。

CADL理論では「これまで」（過去）と「現在」（いま）の延長線上で「これから」を予測・評価することを否定しません。しかし、延長線上でなく、新しい視点で「未来形」で「これから」を考えること（方法）を提唱します。それが「ifクエスチョン」（ミラクルクエスチョン）です。「これからどうしたいですか？」の質問に利用者の反応が鈍いのは「現状が続くこと」が前提になっているような質問のため、利用者（家族）は望み・願いを控えてしまうからです。

しかし「ミラクルクエスチョン」（もし仮に〜ができたら）を行うことで本人を「現実との葛藤」から切り離し、「可能性を前提としたやりたい事・やれそうな事」を言葉化（ポジティブ化）することができます。

ミラクルクエスチョンは、現実の制約を取り払い、可能性や望む結果（成る私）がどうあればよいか、その「枠組み（前提）」を問いかけます。前提を踏まえた「仮定的な状況」の話し合いを広げやすくなります。

実践編③ CADLと暮らしの「7つの楽しみ」

CADL理論における「生活文化」の基本は生活様式（スタイル）と生活習慣です。文化は「Culture」です。その日本語訳は文化以外に「習慣・習俗・教養などの総体」と定義されます。CADL理論では「暮らし（生活様式）」を文化的生活の基本として位置づけます。

「暮らし」を楽しむ

一般的に「趣味」に敷居が高い印象を持つ人が多く「趣味がない」と答える人が多くいます。しかし、ほとんどの人は、何らかの「楽しみ」を持っています。

CADL理論では、この「楽しみ」は、主観的幸福感や生活の質を向上させる重要な要素と考えます。日本人は習俗や生活習慣のなかに「暮らしの楽しみ」をみつけ大切にしてきた歴史があります。今風にたとえるなら「おうち時間」もそのひとつです。外出もままならない要介護のカラダでは、おうち時間そのものが「人生そのもの」となります。

おうち時間を無為に暇つぶしとして過ごすのか、目的をもった「意味ある時間」にするのかは本人の意識と支援者のＣＡＤＬへの理解とサポートにかかっています。

暮らしの「楽しみ方」は7領域

利用者の人生の物語（ジブン物語）をどうやって引きだすか。CADLの意欲動機づけシートの領域分類が参考になります。

意欲動機づけシートでは暮らしの楽しみ領域として「住まいの手入れ・飾りつけ、食べる・料理、買物、おしゃれ、庭の手入れ、テレビ・ラジオ、お出かけ」に着目し、「活動」ととらえます。日々の暮らしのなかでどのような充実感や幸福感を抱いてきたのか。どのような意欲をもててきたのか。聞き取りをとおして本人が大切にしてきた「楽しみの玉手箱」を探ります。

①住活：住まいの手入れ・飾りつけ

介護が必要となった人を取り巻く環境は「屋内と居室」が中心となります。どのような住環境に暮らし、居室空間にどのようなこだわりがあるのか。それは住まいの「手入れと飾りつけ」（室内装飾）にあらわれます。表彰状や演歌歌手のポスター、家族写真が貼られた壁面、床や棚の土産物や置き物、ソファ、ぬいぐるみ類、仏壇や床の間の掛け軸、それら一つひとつから、その人の人生を覗き見ることになります。ポイントは「何に囲まれ、何がそばにあると楽しいか。」です。

例）表彰状、家族写真、人気アイドル（推し活）の写真、映画ポスター、ぬいぐるみ、絵画、蔵書、楽器など

なお心身の機能や認知機能の低下により掃除や手入れが行えない、また孤独感からモノのため込みが常習化している人もいます。現状の暮らしぶりで判断するのでなく、要介護となっていない頃の暮らしぶりに着目し、「取り戻したい住空間・過ごしたい住環境」を聴き取ります。

②食活：食べる・料理づくり

食べることと料理づくりは暮らしの楽しみの中心です。友人が集い、おいしい食べものを囲めば、初対面でも楽しい語らいが生まれるきっかけになります。

どのような得意な家庭料理や行事食、こだわりの料理を作りたいか（食べていたか、食べてみたいか）、だれに振る舞いたいか、だれと食べていたか（食べたいか）を聴き取ることで人間関係の広がりも聴き取れます。

咀嚼改善のための口腔ケアや体調管理、箸・フォークなどを使いこなすための心身機能の改善など、本人参加でプランニングしやすいのもポイントです。

例）家庭料理、郷土料理、お盆や正月料理、祭り、誕生日、祝い事など

暮らしの楽しみ（7つの○活）

③買活：ショッピング（買物）

多くの人が好きなのが買物です。買物にも食料品などの嗜好性が強いものと衣服や雑貨、化粧品などの娯楽性が強いもの、本、絵の具、色鉛筆、毛糸、木工材などの趣味性の強いもので分かれます。

「どこのお店に（例：100均ショップ、ブランドショップ、スーパー）よく行かれましたか？」「どんなとき（例：旅行、誕生日、プレゼント）に？」「どなたと（例：友人、恋人、家族）？」によって「話題の広がり」が違います。

さらに「いつ頃（例：20代、40代）？」「何にいくらくらい使ったことがありますか？」の質問を加えると金銭感覚や価値観も分かり、聴き取りの幅もグッと深まります。もちろんお出かけメインのウインドウショッピングが好きな人ならお店や場所など聴き取ります。

例）店舗の種類：食料品店、ブティック、楽器店、自動車・バイクショップ、化粧品店、雑貨店、家具店、文房具店

⑤装活：身なり（おしゃれ）

要介護になると諦めがち・手抜きになるのが「おしゃれ」。外に出る機会が減ると尚更です。「だらしない私」を見られたくないと外出も控えがちになるからです。

身なりでも「おしゃれ」は元気のバロメーターです。顔や髪のお手入れ（化粧、毛染め、セット）、衣服のコーディネートや小物類（メガネ、バッグ、帽子、時計、ベルト）、ネイル、香水、エステまで楽しみ方はいろいろです。「オシャレを楽しむ」が課題になると心身の機能改善に意欲的になれる人はたくさんいます。

例）行先（デパート、講演、商店街、ショッピングモール）、ブティック、美容室、友人、購入品（アウター、帽子、バッグ、化粧品）など

⑤庭活：庭の手入れ、土いじり

高齢者の暮らしの楽しみの筆頭格が「庭やベランダの植栽の手入れ」です。男性なら盆栽や立木の剪定・庭仕事、女性なら人気のガーデニングという表現もよいでしょう。

植物たちは穏やかな暮らしに四季折々の花を咲かせてくれます。庭仕事も立位・座位、上肢下肢の機能もゆっくりとムリなく動作をすれば、なんとかできます。貴重な運動動作なので、プランニングに取り入れるとよいでしょう。

例）植え付け作業、花・野菜の種、肥料、道具（剪定ばさみ、スコップ、ジョウロ、ガーデニング椅子）など

⑥視聴活：テレビ・ラジオ

20年前まで娯楽の殿堂だったのがテレビとラジオ。そのど真ん中世代がニューシニア（新高齢者）です。テレビやラジオの番組が1日や1週間の生活リズムになっている人もいます。しかし現代では視聴方法も多様化し、録画、DVD、動画配信まであり、一概ではありません。

ポイントは好みの番組。「ドラマ、お笑い、ニュース、料理、運動、教養・教育、地元情報」などのジャンルを聴き取るプロセスで、本人の好みや考え方、価値観、こだわりなどを把握でき、訪問時の雑談ネタにも使えます。

例）NHKの朝ドラ、大河ドラマ、ニュース番組、ワイドショー、夜のヒットスタジオ、8時だよ全員集合、笑点など

⑦外活：お出かけ（散歩）

近所のお出かけ（散歩）には体力の維持向上など運動効果以外に、心のリフレッシュやうつや認知症の予防効果もあり、いいことづくめです。ところが閉じこもりがちなのも現実。理由に転倒や失禁の不安、下肢筋力の低下や体調不良、友人の他界やなじみの店舗の閉店などの「隠れた原因」があります。

ポイントはどのようなサポートがあればよいか、だれとどこにお出かけしたいかを聴き取り、本人のやる気スイッチを探ります。

例）公園、商店街、なじみの店、名所、神社、お寺、映画館、デパートなど

実践編④

意欲・動機づけシートで「やる気スイッチ」探し

外面的にわからない「やる気スイッチ」を探すためのシートが「意欲動機づけシート」。楽しみ・趣味・役割・つながり・心の支えなど7領域約60項目が聴き取れます。訪問の機会などにテーマを決めて時間をかけて楽しく聴き取るのがポイント。本人のCADLの見える化でやる気スイッチを深掘りします。

意欲動機づけシートの意義と「やる気スイッチ」の探し方

本人を意欲・動機づける要素は内面的な要素であり、外面的に発見することはできません。どのように本人のCADL面を見える化すればよいでしょう。

そこで介護予防事業で活用されている「基本チェックリスト」と「興味・関心シート」を参考にしつつ、よりCADL面に特化したシートが開発されました。

本人の暮らしのなかの楽しみや趣味だけでなく、「やる気スイッチ」になる要素（役割、つながり、心の支えなど）を、「過去・現在・未来」の時系列で効率的に聴き取れるツールとしてまとめたのが「意欲動機づけシート」（Ver2）です。

CADL理論では、このシートを使った「やりとり」で、本人の「これまで」と「いま」と「これから」を浮き彫りにします。はじめたきっかけ、続けた理由、やめた事情、そして「やってみたい」願いをifクエスチョンも使いこなしながら聴き取ります。語られるエピソードに「本人らしさ」があふれています。

①7領域60項目でやる気スイッチを深堀りする

意欲動機づけシートの構成は大項目で7領域〔暮らし・役割、つながり、楽しみ・趣味（教養、運動）、学び・手習い、巡る、つくる、心の支え〕に整理されています。領域ごとには中項目を5～15に分類しています。やりとりのなかでさらに小項目（例：遊び→□室内、□野外、□その他）に深堀りし話題を広げる仕掛けになっています。

②過去・現在・未来で聴き取る

「している（現在）」を基軸に質問を組み立てます。
・「していた（過去）」のみが○なら「始めたきっかけや状況」を質問し、なぜ「現在はしていないのか？（深堀り質問）」を聴き取ります。

・「している」が○なら「いつまで続けたいのか？」を聴き取ります。「つづけたい」の欄が未記入なら、その原因を聴き、「そのために必要な条件は？」をともに考えます。
・「してみたい（未来）」のみに○なら、やりたい思いと理由、どうすればできるのか、話し合うきっかけとしましょう。

③「○」のみでチェック、「×」はなし

シートは7領域60項目で構成されますが、すべて○の人はいません。ポイントは「×＝ネガティブ」のイメージがあるので、「○＝ポジティブ」のみの表記（コレ、肝心！）とすることです。本人には「該当する項目に○のみを入れてください」と伝えます。

④「表情、声のトーン、身振り」に注目する

やる気スイッチの発見は言葉だけでなく、ノンバーバル・サインを見逃さないことです。表情や声が明るくなる、笑みが洩れる、話が弾みだすなどがサインです。聴き取りもちょっと大げさなリアクション（うなづき、相づち、前のめり）で高い関心を示すのが勘所です。

⑤話し合いにブレーキをかけない

本人も「やれるかどうか」が不安でブレーキをかけがちです。聴き手が「よく分からない・共感していない」と感じると話も中途半端になることがあるので注意しましょう。人は自分の好きな話題やコトに興味関心を持ってくれる人に好感を抱きます。本人が「これは難しいな」となったら「ifクエスチョン」（仮定質問）を使い「もし○○（阻害要因）が改善したらどうですか？」と話題を広げる試みをしましょう。

なお、触れてほしくない話題やコトをキャッチした時は、深堀りは控えるよう配慮しましょう。

⑥焦らず・急かさず、小まめにメモをする

項目が多いので焦らないこと・急かさないようにします。家族が協力的なら「いっしょにやってみて下さい」と任せるのもひとつ。話題が広がったら「とくに好き・やってみたいのは？」と絞り込みます。回答は小まめに「声を出してメモする」のがコツです。

Be Positiv
私の「意欲・動機づけ」シート

作成日　年　月　日　担当：

| ご利用者名 | | 生年月日 | 年　月　日　歳 | 性別 | | 要介護度 | |

私の「生き方」（CADL）
※記入できるところから楽しんで進めてください。
※記入例：◎、○、△のみ

凡例：していた／現在している／続けたい／したい

暮らし・役割
① 飾り付け　（種類：　　　　）
② 料理づくり　（何を：　　　誰に：　　　）
③ ショッピング　（何を：　　　場所：　　　）
④ 庭・花の手入れ
⑤ お出かけ　（□散歩 □シルバーカー □タクシー他）
⑥ 孫・ひ孫の世話　（名前：　　　　）
⑦ ペット　（種類：　　名前：　　　）の世話
⑧ ボランティア　（種類：　　　　）
⑨ お墓参り　（□寺）・氏子の行事　（□神社）
⑩ 地域活動　（町内会など）
⑪ その他　（　　　　　　　）

つながり
① 友達と会話　（□対面 □電話 □ライン等）
② 友達と遊ぶ　（種類：　　誰：　　　）
③ ランチ・ディナー　（店名：　　誰：　　　）
④ 同窓会　（□学校 □職場 □サークル）
⑤ 家族・親戚との団らん　（名前：　　　　）
⑥ 異性との交流　（□会話 □食事 □他）
⑦ 通信機器　（□電話 □スマホ □タブレット）
⑧ ＳＮＳ　（□LINE □facebook □メール）
⑨ その他　（　　　　　　　）

楽しみ・趣味
① 読書　（ジャンル：　　作家：　　　）
② 絵画　（□描く □塗る □貼る □他）
③ 写真　（□人物 □風景 □植物 □他）
④ 鑑賞　（□映画 □観劇 □演奏会 □落語 □他）
⑤ 歌唱　（□合唱 □独唱 □カラオケ）
⑥ 音楽鑑賞　（ジャンル：　　　　）
⑦ コンサート　（ジャンル：　　　　）
⑧ 楽器演奏　（種類：　　□1人 □複数）
⑨ 遊び　（種類：　　□1人 □複数）
⑩ ストレッチ　（□体操 □ヨガ □太極拳 □他）
⑪ 健康法　（□歩く □走る □泳ぐ □他）
⑫ スポーツ　（種類：　　　　）
⑬ 観戦　（種類：　　　　）
⑭ 舞踊　（種類：　　　　）

楽しみ・趣味
⑮ 散歩・ピクニック　（場所：　　　　）
⑯ 釣り　（□川 □海 □渓流 □釣り堀）
⑰ アウトドア　（□川 □海 □山 □他）
⑱ ギャンブル　（種類：　　　　）
⑲ 投資　（□株 □外貨 □金 □宝くじ）
⑳ お祭り　（種類：　　場所：　　　）
㉑ おしゃれ　（種類：　　TPO：　　　）
㉒ 家庭菜園・ガーデニング・市民農園
㉓ その他　（　　　　　　　）

学び・手習い
① 学び　（　　　　）
② 作法　（□茶道 □華道 □着付け □他）
③ オンライン　（種類：　　　　）
④ 教養　（種類：　　　　）
⑤ 脳トレ　（種類：　　　　）
⑥ 教える　（種類：　　　　）
⑦ その他　（　　　　　　　）

巡る
① 史跡巡り　（場所：　　　　）
② 名所巡り　（場所：　　建物：　　　）
③ 記念館巡り　（□美術館 □博物館 □他）
④ 食べ歩き　（種類：　　場所：　　　）
⑤ 手段　（□散歩 □杖 □シルバーカー □車いす）
⑥ 温泉・健康ランド　（場所：　　　　）
⑦ 国内旅行　（場所：　　　　）
⑧ 海外旅行　（場所：　　　　）
⑨ その他　（　　　　　　　）

つくる
① 料理・手芸　（種類：　　　　）
② クラフト・工芸　（種類：　　　　）
③ プラモデル　（種類：　　　　）
④ その他　（　　　　　　　）

心の支え
① お参り　（神社・お寺など）
② 宗教　（種類：　　　　）
③ 習い・修練　（種類：　　　　）
④ その他　（　　　　　　　）
⑤ その他　（　　　　　　　）

※無断転用・加工・転載等については固く禁じます。

※著作権者：髙室成幸（ケアタウン総合研究所）

右記よりダウンロード可　https://caretown.com/common/pdf/cadl-sheet.pdf

実践編⑤ 「CADL」のプランニング

CADL理論におけるケアプランのプランニングの勘所は「シンクロ」。一人ひとりの「じぶん物語」を支えるCADLのValue（価値）がここです。CADLの視点で課題設定すると本人の望みや意向が反映され、プランニングとチームケアに納得感が生まれ、前向き＆意欲的にケアマネジメントを行うことが可能となります。

CADLプランニングがめざす「4つのシンクロ（共鳴効果）」

CADLは「本人（自分、私）らしさ」を尊重し、人生の「役割・居場所・生きがい」づくりのために「4つのシンクロ」をめざします。

①「ゴールと意欲・動機」がシンクロ
本人のCADLに着目し、意欲・動機づけられるように望む「課題（ゴール）」を表記します。ADL・IADL、健康状態、意思疎通、精神・認知機能の改善は「ステップ」となり長期・短期目標に位置づけられます。

②「多様な支え手」がシンクロ
CADLでは、多様な支え手とは介護・医療専門職だけでなく、仲間や友人、CADLが共通する人、専門ショップの店員さんなどを「協力者」として位置づけます。

③「可能性発見と深掘り」がシンクロ
CADL支援では、「できること・できそうなこと・できるといいな」の視点で可能性を探すことにベクトルを向けます。インフォーマルの協力者ならではの知識や技術、人脈を活用すれば予想外の楽しい展開が期待できます。

④「チームのまとまりと元気」がシンクロ
支え手・協力者たちがまとまり「可能性を探すこと」に本人は動機づけられ、チームのモチベーションは高く維持されることになります。

ロジックツリーで「ストーリーライン」を意識したプランニング

CADLプランニングでは思考プロセスを見える化するためにロジックツリーを使います。CADLの課題達成のために求められる要因（＝阻害要因）を分解し、その要素を長期目標・短期目標に組み込みます。

「階層」にはADL（生命機能）、IADL（暮らし機能）、意思疎通、精神・認知機能、健康状態を位置づけ、それぞれに対応策（支援内容）と専門職と協力者を決めます。プランニングでは利用者の「人生の物語づくり」を意識し、この全体図（ケアプラン第2表）を「ストーリーライン」（物語の流れ）と呼びます。

プランとは未来形のことです。ストーリーライン・プランニングは、「仮説思考」（仮の見通し→仮の設定→整合性の検証と漏れチェック）で組み立てます。

1. まとまり課題の設定

意欲動機づけシートなどから抽出された複数の課題を「まとまり課題」（一石3鳥～5鳥：メインストーリー）として重ねることで複数の阻害要因に改善の相乗効果（シナジー）が見込まれる。表記は前向きでポジティブなものとする。

複数のまとまり課題に優先順位をつける際は「期待できる効果、実現可能性、意欲レベル、コスト（時間、手間、費用、支え手）」などを基準とします。

〈単体課題〉
・生活機能：握力を向上させ杖がつけるようになる
・身体機能：三食の食事を食べ20分歩ける体力をつける
・心理面：ひきこもりがちのため孤立感を解消する
・社会参加：週1回、1km先の友人宅でお茶会をしたい

〈まとまり課題〉
（例）「三食の食事で20分歩ける体力をつけ、週1回、1km先の友人宅まで杖をついてお茶会をする」

※単体課題を単純につなげるのでなく、本人のやる気スイッチに着目した「**圧縮した表記**」をする。動機づけに「友人宅→○○さん宅」と固有名詞を盛り込むのもよい。なお、詳細な表記は長期目標・短期目標で行う

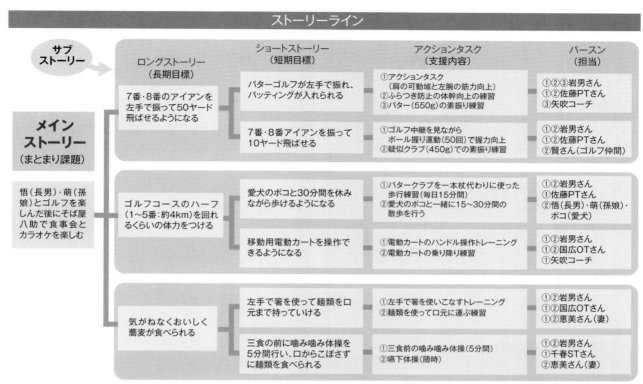

2. 長期・短期目標及び期間の設定

課題実現の阻害要因をADL、IADL、意思疎通、精神・認知機能、健康状態の「階層ごと」にサブストーリーで分け、改善のステップをロングストーリー（長期目標）で整理し、約3カ月〜6カ月以内に取り組む項目をショートストーリー（短期目標）とする。期間は目安であり、「ゆるめ」に設定する。

3. 支援内容（短期目標ごと）の設定

短期目標ごとに設定する支援内容が具体的に取り組む「アクションタスク」となる。タスクごとに番号を付け「何を、どのように行うか」を表記する。リスクを表記し注意点を示す。

4. 事業所・支え手・協力者の設定

アクションタスクの担い手にも、取り組むタスクごとの番号をつけ、介護事業所・医療機関、支え手・協力者を具体的に表記（所属、名前）する。新たな情報や提案が得られた場合、随時柔軟にバージョンアップをしていく。

プランニングで大切なのは制約を設けずに多くのアイデアを出すことです。「このインフォーマル資源の人に関わってもらったらどんなことが可能になるかな？」と楽しくクリエイティブにプランニングするのが勘所です。

ゴルフ好き80歳男性（脳梗塞：要介護2）のCADLプランニング

〈基本情報〉

元社長の岩男さん（ゴルフが得意・甘党）は妻と同居。2年前、早朝のゴルフ場にて脳梗塞で倒れ、右半身麻痺で要介護4となる。リハビリで要介護2まで改善する。顔面麻痺あり。半年前、前立腺がんを発症。手術で体力と意欲が極端に低下。長男夫婦は隣市、長女夫婦は隣県在住。行き来は少ない。

1. メインストーリー（まとまり課題）

意欲動機づけシート[※]の聴き取りから抽出された「本人の意向」は4つ。
・孫娘（27歳、趣味はゴルフ）や長男　と一緒にゴルフコースを回りたい
・老舗そば屋八助で蕎麦を食べたい
・ペットのポコ（8歳の犬）と散歩したい
・カラオケで吉幾三を歌い上げたい

ここから犬のポコと散歩できるほどに体力をつけ、「長男・孫娘とのゴルフを楽しんだ後にそば屋八助で食事会

とカラオケを楽しむ」というメインストーリー（まとまり課題）を設定する。

2. ロングストーリー（長期目標）・ショートストーリー（短期目標）

ゴルフ再開の阻害要因は「ゴルフクラブが振れない、頻尿と尿失禁、体力低下、肥満体」。本人の強みは「がんばり屋、ゴルフ大会での優勝経験（成功体験）、ゴルフ人脈」。半年後にパターゴルフができる、1年後に7番・8番アイアンを使ってハーフコースを回れることを設定。ゴルフ好きの理学療法士とアクションタスクをプランニングする。

3. アクションタスク（支援内容）と役割

短期目標ごとに支援内容を設定。本人が行うこと、リハビリ事業所や主治医・理学療法士、妻・子ども夫婦・孫娘、ゴルフコーチ、ゴルフ仲間ごとに「何ができるか」を整理する。

CADLプランニングのポイントは「心を満たす」こと。「じぶん物語のストーリーライン」で本人とチームのモチベーションアップをめざします。

CADLワード ③　「if クエスチョン」（ミラクル クエスチョン）

CADL理論では「これまで」（過去）と「現在」（いま）の延長線上で「これから」を予測・評価することを否定しません。しかし、延長線上でなく、新しい視点で「未来形」で「これから」を考えること（方法）を提唱します。それが「ifの発想」です。「if」を引き出すために本人に行う問いかけを「ifクエスチョン」（心理学のミラクル クエスチョン）といいます。

> **Ifクエスチョン** ➡ 「もし仮に○○ならば～」

要介護の本人が支援者から「これから何をしたいですか？」「どうしたいですか？」の質問に、具体的な回答がなかなかできないのは、いまの心身の悪い状態やさらに悪化することへの不安、何かすることにかかるコストへの危惧、家族に面倒をかけることへの迷いなどの阻害要因が内面で「錯綜と葛藤」を繰り返しているからです。

しかし「ifクエスチョン（仮定質問）」を行うことで本人を「現実の葛藤」から切り離し、<u>可能性を前提としたやりたい事・やれそうな事」を言葉化（ポジティブ化）する</u>ことができます。

仮定質問は、現実の制約を取り払い、可能性や結果を探る「枠組み（前提）」を問いかけます。これにより、前提を踏まえたシナリオや仮想的な状況について議論が広がりやすくなります。具体的には4つの効果があります。

1. 制約（阻害要因）を取り払える：
現状の心身の状態や生活環境、介護・療養環境の「制約」に縛られず、「らしさ」を尊重した本人本位の発想や視点、本人らしさありきの支援や手立てを考える。

2. 複雑な問題を多様な角度で分析する
特定の条件（例：夜間の廊下移動、猛暑の居室）を仮定することで、困る事の予測と阻害要因を分析し、生活行為や身体行為にどのような影響があるかを分析する。

3. 未来志向（仮定の未来）で自由に思考できる
「もし仮に半年後に足腰の痛みが軽くなったら」という前提の後に「どこに買物に行きたいですか？」とifクエスチョンすることで本人（ケアチーム含む）は「可能性を前提とした自由発想」で未来（将来）を考える（シミュレーション）ことができる。

4. 意見交換や話し合いを多様な視点でできる
ケアチームの話し合いでifクエスチョン（前提・仮定）を問いかけることで、参加者が共通の前提（例：もし元サークルの仲間たちの○○の協力があれば…）に立つことでさまざまな視点やアイデアを自由に引き出す効果がある。

このように、CADL理論におけるifクエスチョン（仮定質問）で支援の方法に柔軟な思考や新しいアイデアや気づきを促す<u>効果的な「思考ツール」</u>として位置づけられる。

実践編

CADL で プランニング

～「らしさ」と「つながり」～

CADL理論と「らしさ」

介護・医療の専門職間で使われる「その人らしさ」。この用語は、支援者側の一方的な思い込みや決めつけであり、本人に対する「誤った印象操作」になり、ケアの個別性に欠落を生じさせリスクがあります。CADL理論は「本人らしさ（自分、私）」を尊重する立場をとります。この「らしさ」は、内面で自認する「本人らしさ」とともに所属する集団（家族、友人等）ごとに個人が「見せる・見える」らしさも含みます。その総体を「本人らしさ」ととらえます。

「らしさ」の本質

「らしさ」は「らしい」の名詞形です。「らしい」は客観的および主観的な根拠・理由・思い込みなどに基づいて、ある事態や状況を第三者が推量・推測する意味で使われます。推量・推測なので「事実と異なる」ことがあり、「その人らしさ」という表現も「他者が受ける印象」が基本となっていますから、本人の自認と「ズレ」が生じます。

CADL理論では他者的視点から推量・推測（憶測含む）した「その人らしさ」ではなく、**本人が自認する「らしさ（本人、自分）」を尊重する立場**をとります。

しかし「らしさ」を本人がすべて自認・意識できているわけではなく、環境や対象・人間関係、年代・年齢などにより「変化する」ものであり、「場面・関係ごとの多様性」を持つと考えます。

「らしさ（自分、本人）」は「個別性」あるものであり、「個性」の影響を受けます。支援においては根幹をなす重要な視点です。

■「らしさ」と個別性

「個別性」とは外面的で客観的な視点から見える特徴です。「**らしさの個別性**」とは、外見（身なり、体形）や行動パターンの特徴にはじまり、本人流（自分流）のやり方（例：食べ方、話し方、歩き方）などの細かい動作・仕草などの外面的な見え方（印象）を「らしさ」として位置づけます。

重要なのは「らしさ」は環境や対象者によって「見せ方や対応が変わる・変える」（**ペルソナ行動**：親・友人・仕事など環境・対象により自己の表出をコントロールする自己演出行為）ことです。これは無意識下で行われることもありますが「らしさの多面性」として尊重します。

重要なのは「自分を○○のように見てほしい」という自認・願いと「○○に見える」という客観的印象との間に「差異」があることです。

支援者側が客観的印象で「らしさ」を決めるのではなく、本人の自認・願いと人間関係（例：家族、身内、友人、仕事、地域）において、どのような「らしさ」が成立しているか（多面性）をCADL理論では着目します。

■「らしさ」と個性

「個性」とは、生まれ持った性格や資質（体力、体質、能力、感覚、感情など）、育った環境・経験によって形成された価値観や生活様式、考え方や判断・評価、経験や体験に付随する感覚・感情を含めた「内面的な要素」を指します。

本人からの聴き取りを通じて内面的要素が「意思形成・意思決定」にどのように影響しているかを評価し、意思実現への第一歩が踏み出せるための求められるサポートを検討します。

個性ある「らしさ」を尊重するためには、能力面における「できる・できない」で評価するものであってはいけないと考えます。

CADL理論では、「どのように生きたいか・暮らしたいか、働きたいか・役に立ちたいか、人と関わりたいか、参加・活動したいか」という本人の人生の総体としての「**個性あるらしさ**」を尊重した支援をめざします。

CADLにおける「らしさ」「個性」「個別性」は本人の生き方を尊重する重要な概念です。一人ひとりの尊厳を守り、質の高いケアを提供する基本となります。

CADL理論と「つながり」

CADL理論では、つながりの「範囲」を家族・身内、友人だけとはしません。意欲動機づけシートのなかの多くの項目が人との「つながり・かかわり」で成立します。「つながり」があるからこそ行えて、さらに楽しい。もちろん親近感の濃淡や関係の距離感は人それぞれです。しかしその「つながり」のなかにその人がそこで見せる「本人らしさ」があります。過去・現在の「つながり」だけでなくこれから（未来）に「新たにつながる人」たちがいます。

「つながり」から「つながる」

　「ひとりではできることは限られている。みんなでなら無限の可能性がある」。これはヘレンケラーの言葉です。まさに「つながり」の持つ力を示唆した名言です。

　「つながり」と「本人らしさ」は強い関連性があります。CADL理論では「ひとは"本人らしさ"を本人が関わる人や集団ごとに無意識下でもつくっている」と定義します。

　ユング心理学では、ひとはある環境や関係になじむために自分らしさに「仮面」をかぶることで「別の存在」になりきり適応しようとする、と説きます。「人間の外的側面（周囲に見せる自分の姿）」、つまりつながりを把握し、そこで見せる「ペルソナ」をひも解くことで「本人らしさの総体」を知る手がかりとなります。

■CADLの「つながり」をたどる

　CADL領域の文化的行為を行うにおいて「つながり」はかならず存在します。「仲のよい人はいますか？」という不躾な質問をせずとも、CADL領域の質問から自然な流れでこれまでと現在の「つながり」（人間関係、人脈）を把握することができます。

　個人（一人）で行う趣味（例：編物、釣り、俳句）でさえ物品の購入のために専門店（例：毛糸専門店、釣具店、書店）とのかかわり（つながり）は欠かせません。一人趣味でもほめてくれる甥・姪や友人がいるなら、それは意味のある「つながり」です。チームスポーツや複数での旅行の経験があるなら、かかわった人との「より濃い目のつながり」があります。

　「心の支え手」として、話題がかみ合わない話し相手ボランティアとのマッチングでなく、かつての趣味仲間や地元友人、かつての遊び友達や友人のつながりのなかに話題が共通する「心の支え手」がいます。

　そのつながりに生きてきた本人の「らしさ」を大切に再現することで「つながり」がさらに強くなり、自己肯定感が輝くことになります。

■CADLで「つながる」を広げる

　CADL理論は、CADLの項目を共通話題にあらたな「つながり」を広く「つなげる」ことができる、ことを提唱します。なぜならCADLの項目がおたがいに共通するとわかれば、性差、出身県、年齢・年代、国籍・人種を越えて「つながれる」と考えます。

　一般的に私たちは初対面の人と関係をつくるために「共通の話題（例：出身県、職業、年代、流行歌）」を探りながら会話をします。しかし、出身県や職業、年代だけではあまりに幅広く、「違い」がわかってくると話題は途切れてしまいがちです。しかし初対面でもCADLが示す60項目のいずれか1つでも共通の話題がわかり、おたがいの体験エピソードや知識を深める質問をしていくなら、「かなり深い盛り上がり」が可能です。

　CADLは未来志向です。現在のつながり状況を知ることは「情報収集」でしかありません。これからの暮らし（人生）をCADL視点で「リ・デザイン」することを重視します。これまで・現在の「つながり」は過去形です。望む生活（人生）の課題を実現するために「つながりたい人」、それが「これからの支え手」です。

　これまでの「広げ方」はリアルか電話、手紙などしかありませんでした。スマートフォンが日常的に使える環境ならばSNS（ソーシャル・ネットワークシステム）のフォロワーやグループが「つながり」になっていきます。「これからの自分らしさ」づくりと「新しいつながりづくり」が共通することをCADL理論ではめざします。

趣味①

CADL理論と「趣味の力」

「あなたの趣味は？」と即答できる人は多くはいません。趣味は「時間・お金」がかけられる人のみという思い込みが強いからです。愉しくていつしか夢中になり、没入感50％前後でも1年以上続いているなら、それは立派に「趣味」と考えてよいでしょう。CADL理論では趣味の力そのものに着目します。趣味にも「楽しむ（受動的）、愉しむ（能動的）」の2通りがあります。意欲動機づけシートのなかでもっとも項目が多くCADLとの相性がよいのも「趣味」です。「趣味の力」を整理します。

「趣味」のレベルと向き合い方

趣味（趣向含む）は本人の「文化性」をもっとも表現してくれます。ところが「趣味」といえば「それなり」の時間とお金をかけるべきもの、道楽という認識が浸透しています。もともとの意味は「仕事や職業でなく、楽しむ（愉しむ）余技」です。特技やホビーとも言い換えられます。

趣味とはいえ、かける能力や費やすコスト（お金、時間）は人によって実にさまざまです。つまり人によって「熱の入れ込み方（熱量）が違う」のが趣味です。

能力ではプロ級〜アマチュア級まで幅広く、力量では師範級〜入門者級の段階があり、コストではお金に糸目をつけない人（例：ゴルフ、ダイビング、ヨット）もいれば、コストゼロで気楽に愉しむ人（例：押し花、スマホ撮影、自然散策）までさまざまです。

趣味への「向き合い方（立ち位置）」も大きく2つに分類されます。

真剣・シリアス系：知識・技術（プロ級）、継続性（長い）、種類（少なめ）、思い（本気、真剣、熱心、真面目、ひたむき、修行気分、セミプロ、プロ）

ほどほど・カジュアル系：知識・技術（アマチュア+α）、継続性（短い）、種類（多め）、思い（楽しい、うれしい、気分転換、リラックス、お気楽）

聴き取りでは本人の口調や表情、内容から**向き合い方**を把握し、リアクションも微妙に配慮しましょう。

なぜ始めた？なぜ続ける？なぜやめた？

趣味で興味深いのは「**なぜはじめたのか？**」です。中学・高校・大学などの部活動の延長線で続けている人、カルチャー教室の広告や知人からの誘いで始めた人、プロ級の実力と経験はあってもある事情（例：就職、結婚、無収入、ケガ・病気）から趣味として続けることを選んだ人（プロを諦めた人）までさまざまです。

そして聴き取りたいのは「**なぜ続けているのか？**」です。予想外に奥が深い、人間関係が広がる、脳トレや健康づくりに効果がある、指導を頼まれて続けている、入賞を目標にしているなどがあります。

着目したいのは「**なぜやめた・やっていないのか？**」です。出費が多い、時間がない、機会が減った以外に、病気や事故で心身の機能が低下して動作に難がある、認知症で手順が混乱する、周囲の反対や協力がないなど。このやめた理由（阻害要因）を解決するプランニングが本人を動機づけることになります。

趣味を課題設定する「5つの効果」

仕事には「収入」というメリットが付いてきます。しかし趣味は仕事と真反対。収入はなく持ち出しばかり。没頭してしまうと仕事や家事がそっちのけになることも。それでも入れ込んでしまうのは「充実感と高揚感」が半端なく、モチベーションパワーになるからです。趣味の力に注目し5つの効果を念頭に課題設定します。

第1に「**ゴールが多彩**」になること。「趣味の再開」だけでなく、披露する（出品、発表）、競い合う（勝ち負けを楽しむ）、企画する、実現をめざすなど多様なゴールが設定できます。

第2は「**支え手の顔ぶれが多様**」になること。ADL支援や体調管理では介護・医療専門職がメインになりがちです。趣味なら趣味仲間や指導者、家族、専門店・教室のスタッフなども立派に支援者になります。

第3が「**可能性探し**」の発想になること。介護・医療専

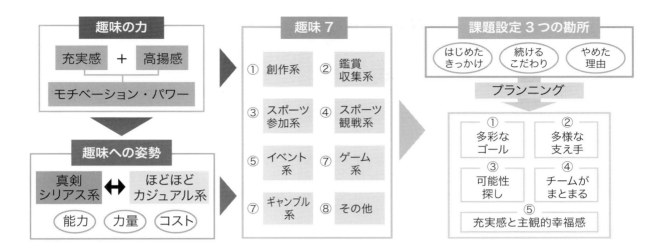

門職が陥りがちな落とし穴は「現状の困難レベルと自分たちの支援スキルと力量（利用回数含む）」で可否を決めがちなことです。

趣味にも参加・応援・鑑賞・指導の4スタイルがあり、楽しみ方はいろいろです。介護・医療専門職だから本人の趣味の世界がわからないのは当然です。ならば、「可能性探し」を趣味仲間の支え手たちに相談し知恵と力を借りればいいだけのことなのです。

第4はチームが「まとまる・元気になる」ことです。好きな趣味のためにみんなが応援してくれるなら本人が元気になるのは当たり前です。ケアチームの顔ぶれも家族・介護・医療専門職に多様な支え手が加わると予想以上のパワーアップも期待できます。また趣味が同じ人と出会えるだけで即親しくなれ共通の話題で盛り上がるきっかけになります。

第5は「思うこと自体で充実感と幸福感」があることです。心身の機能が奪われても、認知症で不穏になっても、看取り期でも「夢中になった趣味」を話題にするだけでも本人の心は充実感と主観的幸福感で充たされます。

趣味を7つに「ジャンル分け」

趣味の数は、実に500種類以上とも言われます。それらを「7つのジャンル」に整理しました。

①創作系（能動的）

創作系とはクリエイティブな趣味です。カルチャー教室でもおなじみの人気の領域です。「世界でひとつ」のものを手作りするのは実に楽しく充実感あるものです。創作はモノ作りだけでなく文芸や音楽（作詞・作曲、演奏）まで広がります。

②鑑賞・コレクション系（受動的）

創作は苦手でも鑑賞するのが大好きという人は多くいます。美術館（例：絵画、オブジェ）や博物館、植物園、水族館から歌舞伎やミュージカル、コンサート、映画、テレビなどがあります。熱中した「私の推し」のグッズに囲まれているときほど心地よいものはないでしょう。またコレクション（例：切手、骨董品、キャラクター）は収集好きの人の鉄板趣味です。受動的な趣味は寝たきりになってもOKです。

③スポーツ・運動系（能動的）

能動的趣味といえばスポーツ・運動系です。屋外（アウトドア）ならサッカー・野球・スキー・スキューバダイビング、屋内（インドア）なら水泳・卓球・バレーまでさまざまです。同じスポーツ経験者なら話題はとても盛り上がります。

④スポーツ観戦系（受動的）

スポーツ観戦も高い人気があります。プロスポーツ（例：野球、サッカー）だけでなく、アマチュアスポーツでもなんらかのつながりがあれば応援は熱くなります。大相撲や箱根大学駅伝もファン層は厚いものがあります。リアル応援、テレビ応援、グッズ集め、ユニフォームのコスプレなど、応援スタイルも本人のこだわりが表れます。

⑤イベント系（受動・能動的）

日本のイベントの代表格は神輿や花火大会、さまざまな祭りがあります。ニューシニア層のエンタメイベントなら音楽フェスティバルなどが筆頭格になるでしょう。

⑥思考ゲーム系（能動的）

勝ち負けがある「将棋、囲碁、麻雀」は男性高齢者には根強い人気です。複数が参加して会話が交わせて数時間は楽しめます。オンラインゲームなどは指先の動きで参加でき、脳トレ効果も期待できます。

⑦遊興ギャンブル系（能動的）

ギャンブル性のある「遊び」としてパチンコ・競馬・競輪・競艇は人気です。昭和の男性高齢者には勝った負けたの悲哀いっぱいの物語があり会話は盛り上がります。

趣味②

創作系（能動的）

趣味でもっとも種類が多いのが創作系です。陶芸や手芸・料理などのモノ系、短歌・俳句などの文芸系、演奏や合唱などの音楽系、写真や絵画などのアート系があり、個人でやる場合と集団でやる場合の2種類があります。いずれも「自己表現」の1つであり、「本人らしさ」（世界で1つ）がもっとも表れ、主観的幸福感が得られます。

能動的な創作系趣味による5つのモチベーション効果

どうして能動的な創作系趣味（例：工芸、陶芸、俳句・短歌、音楽、絵画、書道、料理・菓子作り）に夢中になると主観的幸福感が満たされるのでしょう。

第1が**自己表現の手段**（「らしさ」の表現）になるから。

創作活動は自分の感性や感情、イメージを形にする最も直接的な方法の1つです。作品を通じて「自分自身を表現し伝えること」ができ、充足感や達成感を抱くことが主観的幸福感につながります。

第2は**プロセスが楽しい**こと。

創作活動は新しいアイデアやコンセプトを考え実現するプロセスにクリエイティブなモチベーションが湧いてきます。

第3が**スキルアップの手応え**です。

創作を続けることでスキルの向上という目に見える成果があります。成功体験と達成感を繰り返し実感できることでモチベーションを保つことができます。

第4が**現実逃避とリラックス**です。

日常のストレスや悩みから一時的に逃れ、心をリラックスさせる方法として創作活動への「没頭」があります。時間が経つのを忘れるほど夢中になることで心が解放されます。

第5が**コミュニティとの繋がり**です。

創作系の趣味には同じ興味をもつ人々とのコミュニティ（例：サークル仲間、教室仲間）があります。初対面同士でも同じ趣味の話題で盛り上がれる利点があります。

第6が**完成した作品の喜び**です。

何かを完成させるという行為自体が、達成感や自己肯定感を生み出します。物を作るだけでなく、文章や音楽を作るなど、さまざまな創作活動に共通する感覚です。

創作系に夢中になる人はどのようなタイプ？

ではどのようなタイプの人が創作系の趣味を好み夢中になるのでしょうか。

創作系の趣味に夢中になる人のタイプは、好奇心旺盛で、新しいことや技法を学ぶことがうれしく、常に自分を広げることを楽しみたい人です。それでいて内省的な面をもち、自分の感情や感覚、考えに敏感であり、**できない自分も「楽しめる人」**です。

持続力と集中力はけっこう高めです。プロ級をめざす人は完璧を追求し継続的な努力を惜しみません。ただカジュアルに楽しみたい人はいっときそうなっても一過性（例：多趣味）です。いわば「目移りしやすい」ことも楽しめる人とも言えます。

なかでも自分の感情、考え、経験を表現したい自己表現の欲求が高い人や創造的な思考をする人は共通して独自の視点や強い感受性、アイデアをもち、それを形にしようとします。日常の出来事や周囲の環境、他人の感情などに敏感に反応し、それを創作のインスピレーションにできる人とも言えます。ですから趣味への熱量は高く、自分の感性を信じる独自性でがんばれます。失敗も経験として受け入れ立ち直る**レジリエンス（回復力）**をもっています。

このように創作系趣味に熱心だった人は、要介護状態となり創作ができなくなると強いストレスを抱え、自己のアイデンティティが喪失し虚無感や抑うつ状態になっていく危険性があります。

中重度の要介護状態で「カムバックする・再開する」という課題設定がむずかしい場合は、創作行為の変更（例：花を生ける→作品を評価する）、新しい趣味を楽しむなどを一緒に話し合うのも試みてみましょう。

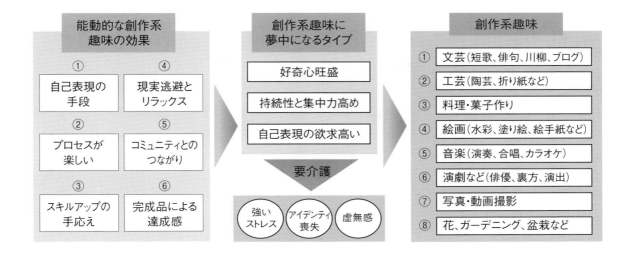

創作系趣味の聴き取りで「まとまり課題」をプランニング

　創作系趣味は要介護になってもリハビリとサポート次第で十分楽しめます。未経験者でも教えてくれる機会があればやってみたい人はいます。

　やりとりから阻害要因の解決方法と促進要因の可能性をシミュレーションし、必要な心身の機能、ADL、IADL、健康管理などを把握すると「まとまり課題*」は設定しやすくなります。

①文芸（短歌、俳句、川柳、ブログ）

　地味だけどファンが多いのが短歌・俳句・川柳です。スマホで簡単に書き込め、SNS繋がりでグループも作りやすく若者にも人気は広がっています。発表の場として地元新聞やSNSグループが効果的です。

②工芸（陶芸、折り紙など）

　手作りで楽しいのは「世界で1つ」のものだから。陶芸、刺繍、編み物、ドライフラワーまでたくさんあります。通った教室の有無、繋がっている仲間、発表経験、贈った経験などを聴き取り、どのように役に立つか、有能感に着目します。

③料理・菓子作り

　料理や菓子作りは人気の趣味です。ポイントは「誰と？目的は？」です。得意なメニューとレシピ、ごちそうしたエピソードなどを聴き取り、必要な心身の機能をステップごとにイメージし、なにが阻害要因となっているか、をアセスメントします。

④絵画（水彩、塗り絵、絵手紙など）

　絵画は手軽に始められるコスパのいい趣味です。ハガキ大の絵手紙は人気の趣味です。風景・人物・植物など対象を質問し「美術館巡り」（外出への動機づけ）などに展開を広げるのもよいでしょう。

⑤音楽（演奏、合唱、カラオケ）

　音楽は作詞・作曲と演奏・合唱の2種類があります。演奏なら楽器歴と演奏歴、合唱なら合唱団歴、仲間・つながり、発表歴などを聴き取ります。質問の流れで好きなジャンルや歌手、コンサートなどに展開させましょう。

⑥演劇など（俳優、裏方、演出）

　演劇に熱中した時期、好きな劇団と作品の傾向、熱中した場所、きっかけ、演劇仲間との繋がりを聴き取ると支え手を広げることができます。

⑦写真・動画撮影

　スマートフォンの普及で写真・動画撮影はとても身近な趣味になりました。これまでの画像から人間関係の広がりや家族イベントの様子も具体的に把握できます。撮影のテーマ（例：家族、人物、花、名所、景色、空・雲、ペット）の聴き取りから本人のこだわりやこれから撮影したい場所などを把握します。見せる方法（例：LINE）から人間関係の広がり、心の支え手を探します。

⑧花、ガーデニング、盆栽など

　高齢者でもインドア派に人気なのが花育てとガーデニングです。行う場所は庭もあればマンションのベランダ、室内など場所も規模も種類もさまざま。咲いた花や種、苗の「おすそ分け」から地域でのおつき合い度合いが把握できます。盆栽ファンは男性が多く、剪定の頻度、必要な心身の機能（例：鋏を扱う握力、水やりホースの扱い）、作品展への出品歴などを聴き取ります。

　やっていた趣味ばかりでなく「**やりたかった趣味**」を引き出し課題設定すると、それは新しい人生のスタートになります。

趣味③

鑑賞・収集系（受動的）

　創作だけではなく、鑑賞も立派な趣味です。鑑賞が高じて「自分のものにしたい」という強烈な思いから「収集」というさらなる行動に出る人もいます。創作系が能動的趣味なら鑑賞系・収集系は「受動的趣味」と思われがちですが能動的な面も持ち合わせています。鑑賞・収集するいずれの行為でも心理的にモチベーションがアップするなら、それは創作行為（能動的行為）と同レベルの効果をもつといえるからです。

受動的な鑑賞・収集系趣味の「5つの効果」

　受動的な趣味といえば、手軽に楽しめる「鑑賞、収集」があります。受動的ですが、CADL理論では、身体的・心理的ないくつもの効果を重視します。

　第1に没入感（夢中になる）による「ストレス軽減効果」です。私たちはさまざまなストレスに囲まれています。ジレンマの悪循環から「心理的逃避行動」をとるために気分転換を図りたくても、そうは簡単ではありません。しかし「没入すること」で一気に現実の悩みから解放されます。

　鑑賞や収集による没入行為によりリラックス効果が得られストレスホルモンが軽減します。映画や演劇鑑賞、美術館や博物館でのアート鑑賞、それに音楽コンサートなどは心を落ち着かせ主観的幸福感を高めてくれます。

　第2は精神的な刺激を与えてくれることです。映画鑑賞や読書などの趣味は、思わぬ気づきや新しいアイデアや視点を提供してくれ、新しい創造力やイマジネーションを刺激してくれます。さらなる新しい知識への欲求が生まれ、思考力を鍛えてくれます。

　第3が集中力の向上です。とくに収集活動（例：アイドル、"推し"のグッズ、アンティーク品、フィギュア、鉄道グッズ）には細部に注意を払う目利き力が必要であり、強いこだわりと高い集中力が求められます。収集した品々や音楽、グッズに囲まれることで「至福の時間」（主観的幸福感）に身を置ける効果があります。

　第4に社会的つながりが生まれることです。共通の趣味をもつ「同好の士」なら初対面でも話題が共通する利点があります。同好の士でつくるコミュニティ（例：ファンクラブ、読書会、マニア会）に参加すれば社会的つながりが深まります。高齢男性のCADL支援では効果的手法です。

　第5は感情的な支援が期待できる点です。映画や演劇、音楽、絵画やオブジェ・写真などのアート作品、文学などを通じて、作家や表現者たちの多様な表現に触れ理解する機会を得ます。これは、自分のセンスの再認識を促し、「感情的なウェルビーイング」に貢献することになります。

鑑賞系・収集系に夢中になる人の「6つのタイプ」

　では鑑賞系・収集系趣味はどのようなタイプが想定されるでしょう。利用者の顔を浮かべてみましょう。

　☐**内向的な性格**：受動的な趣味は、楽しむには1人がいいものが多く内向的な性格の人に向いています。いわゆる「内面世界」に豊かさを見出す人です。一方、収集により孤独感やさびしさ・不安を埋め合わせる人は「ため込み」のリスクがあります。

　☐**鋭い観察力**：美術品や音楽、映画の鑑賞やアート品の収集には、細部にまで注意を払える繊細な能力とセンスが必要です。作品の微妙なニュアンスの違いなどの特徴を見つけ出す優れた観察力をもっています。

　☐**強い知的好奇心**：映画や演劇、本、絵画、音楽などの鑑賞は、新しい知識や文化に触れる機会です。「新しい未知なること」の学びや探求心は高い知的好奇心を刺激してくれます。

　☐**豊かな創造力と想像力**：鑑賞系の趣味だからこそ自由な発想とユニークな創造の世界を楽しめます。創作しないけれども、非現実的で突拍子もないアイデアを楽しめ、最新の業界情報に敏感だったりします。

　☐**感度の高い共感性**：アートを鑑賞すると心がとても敏感になり感情的な感覚が鋭くなります。芸術的表現に触れる

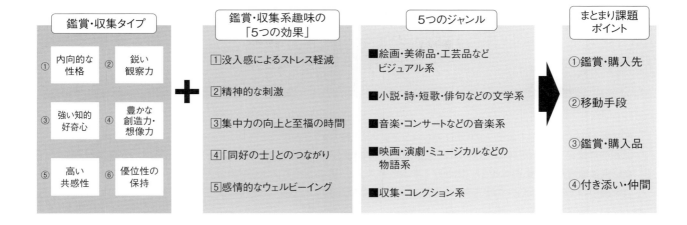

ことを通じて自分自身や他者の感情に深く共感できる敏感さをもっています。

□**優意性の保持**：高価・よりレア・羨ましがられるモノの収集で、ステイタスを上げようとする優位性を示したい心理です。限定品に執着心が強いため「つい買ってしまう」症候群」「捨てられない症候群」に陥るリスクがあります。

受動的趣味の「まとまり課題」のプランニングのポイント

受動系趣味は心身機能の視覚と聴覚が低下しても、また認知機能の低下があっても、「それなりの工夫（メガネ、補聴器、ヘッドフォンなど）」と同好の士たちとのかかわりやその世界に夢中になることで充足感を得られるのがポイントです。

本人が支え手の人たちと阻害要因をどのように克服するか、プランニングではいろんなシーンをシミュレーションします。

①絵画・美術品・工芸品などの鑑賞

本物を鑑賞するなら美術館・博物館・工芸館がベストです。常設展だけでなく定期的な展覧会に出かけてみましょう。ほぼバリアフリーなので杖、電動車いすもOKです。いつ、誰と、どこに行きたいか、だけでなく、食べ歩き、旅行などをマッチングするのもグッドです。

②小説、詩・短歌・俳句などの鑑賞

新聞や雑誌、本に掲載された小説や俳句・短歌は、1人で鑑賞できます。ただ視力低下の著しい高齢者にはかなりつらい。文字の拡大ができる電子書籍やラジオ・CD・Youtubeの「聴く読書」でも鑑賞は可能です。ポイントは作品を語り合える相手がいること。電話、LINE、Zoomなどを活用すれば自宅にいてもしゃべり場の機会はつくれます。

③音楽、コンサートなどの鑑賞

音楽もCDや配信、YouTubeなどを1人で楽しむスタイルもありますが、コンサートや演奏会、音楽フェスティバルなど「ナマの音楽を観客として楽しむ」スタイルにこだわる人もいます。ジャンルも歌謡曲や演歌、フォークからJ-ポップ、クラシック、童謡、唱歌まで多彩です。

まとまり課題に心身機能の改善（例：聴覚、体調、座位）に加え、いつ・誰と（家族、仲間）・どこで（会場）を盛り込んでみましょう。

④映画、演劇、ミュージカルなどの鑑賞

演技と音楽と映像によって壮大な物語が総合芸術として描かれる映画・演劇・ミュージカル（歌舞伎、能含む）に魅了される人は「その空間（映画館、劇場）に身を置くこと」をとても望みます。強いこだわり（例：出演者、演目、劇団）の聴き取りを通じて、改善への高いモチベーションを引き出すことができます。

⑤収集・コレクション系の趣味

収集・コレクションは1人でできる趣味です。男性ならアンティーク時計やミニカー、カメラ、切手、古銭、工芸品・美術品など。女性ならぬいぐるみ、宝飾品、アクセサリー、キャラクターグッズなどです。

まとまり課題に鑑賞・購入先（専門店、博物館）、移動（杖歩行、電車）、鑑賞・購入品、付き添い（収集仲間）などを盛り込み、阻害要因克服を長期・短期目標に設定しましょう。

「受動的趣味」は重度や看とり期でもOK。軽中度の頃から事前にシミュレーションしておきましょう。

趣味④ 学び・手習い系（受動的・能動的）

ビジネスシーンや大学で社会人の「学び直し」（リカレント教育）のブームがニューシニアにも広がっています。「学び」が認知機能維持・回復や脳トレだけでなく、意欲づくり・仲間づくりに効果的と注目が集まっています。学びが趣味だと良い点は環境が自由に選べること。出かけて学ぶ教室スタイルから自宅で学ぶ自学自習スタイル（オンライン）があり、興味関心のまま学ぶ研究・独学スタイルの人もいます。CADLのなかでも「学び・手習い」系が熱いのが特筆です。

学び・手習い系趣味の「5つの効果」

令和の団塊高齢者（ニューシニア）が「学び好き」なのは戦前・戦中生まれより「学ぶこと」を多く体験し、学ぶ習慣が身についているからです。学びには5つの効果があります。

- **認知機能が維持・向上**：高齢者にとって「脳の活性化」は魅力のフレーズです。認知症予防としてとてもポジティブで家族うけもよく、記憶力と理解力などの認知機能の維持・向上が期待できます。

また新しい学びは脳科学的に新しい神経経路を形成するともいわれ、加齢に伴う認知機能の衰えや柔軟性の欠如を防ぐのに役立ちます。

- **新しいつながりづくり**：学びを通じて出会った人々と意見交換やお喋りなどで交流の機会は増えます。距離が離れていてもSNSなら対面でなくても自由にコミュニケーション可能です。心身機能が低下しても励まし合う関係がつくれ、なによりの心の支え手になります。

- **自己肯定感・有能感と自尊感情**：好きなジャンルの新しい知識や技能の習得は楽しいものです。知らなかった・できなかった自分が「わかる・できる」ようになれば自己肯定感と有能感、自尊感情は高まります。新しい世界がさらに広がるので「人生の充足感」を得られます。

- **未来志向で発想**：学ぶことのおもしろさは「もっと学びたい！」の気持ちをかき立て好奇心と情熱を加速させます。「次は〜」の思いはまさに未来志向です。

- **デジタルスキルが向上**：コロナ禍以降にICT技術をフル活用しているのが教育業界です。作品発表や交流のためにSNSを駆使することも定着しました。何より学びながらデジタルスキルが身につくのでコスパもよく一石二鳥です。

学び・手習い系が好きな人の「6つの資質」

では学び・手習い系が好きな人は次のような資質を持っています。利用者さんの顔を浮かべてみましょう。

○**旺盛な好奇心**：好奇心が強い人が多く、新しい知識やスキルに興味を持ちやすく、極めることに喜びを感じる人です。新しいことにオープンで、未知の分野に恐れよりも興味が勝る人です。

○**高い自己効力感**：学び・手習いに積極的な人は、自分の能力に成功体験があり、新しいことに前向きです。むずかしいことでも「どうしたら乗り越えられるか？」を考え取り組む力があります。

○**努力好きでがまん強い**：学びのプロセスには、なかなか伸びない「タメの時期」が必ずあるものです。努力の仕方と楽しみ方をわかっているので教え上手の人もいます。つまり支え手候補になれる人と言えます。

○**発想が柔軟でユニーク**：学ぶことが好きな人は新しい知識や異なる視点を受け入れ、前向きに受けとめる柔軟さを持ち合わせています。

○**人のつながりが好き**：高齢者のリカレントブームを支えるのは「交流の場・出会いの場」への高いニーズが満たされることです。

知識好きの男性高齢者にとっては知的興味のプライドがくすぐられ、苦手な「新しい人々とつながる手段」なのです。

○**内省・気づきが好き**：学びとは<u>「新しい自分」との出会い</u>です。自らに自問自答（内省）し、学びを通して「新しい知」、気づきを得て自己理解を深め、自己成長につながります。哲学や宗教、心理学について学ぶ人たちにこの傾向は顕著です。

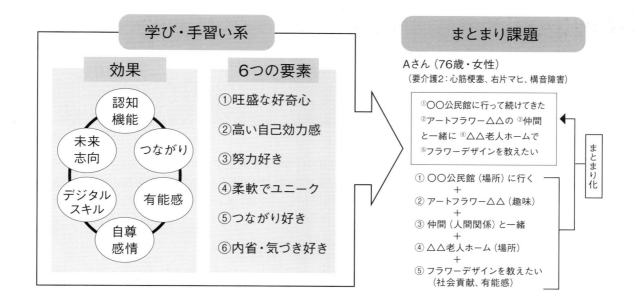

学び・手習い系趣味の「まとまり課題」の プランニング・ポイント

　学び・手習い系の趣味には「教養、お作法、脳トレ」のジャンルがあります。現在進行形でやっている人からかつてやっていた人、機会あればやってみたいと思っていた初心者の人までいます。
　学びの場に出かける、仲間とつながる、学び方に取り組む、教え手になる、のパターンでプランニングしてみましょう。

①「学び」のために出かける
　シニア大学やカルチャー教室（スクール）は公的施設や民間施設で定期的に開かれています。利用者の現在の心身の状態でどうやって安全にたどり着くか、阻害要因をどう克服するか、をプランニングします。

- 方法：徒歩、杖、シルバーカー、バス、地下鉄、タクシー、送迎ほか
- 誰と：1人、家族、学び仲間など
- 身なり：服装、髪型、アクセサリー、小物、お化粧など

②「学ぶ人」とつながる
　スクール側も会員の定着に効果の高い交流やイベントを通した仲間づくりに力を入れています。どういう人たちとどのようなつながり方をしたいのか。どのような集りに関心があるのか、いつ頃実現したいのか、を聴き取りプランニングしましょう。

- 種類：教養（例：中国史、民族史、源氏物語）、趣味（例：合唱、カラオケ、麻雀、絵手紙、俳句・川柳、習字）、語学（例：英語、中国語、韓国語）、宗教（例：仏教、キリスト教）、手芸（例：編物、刺繍）、運動（例：ヨガ、テニス）
- 方法：対面、電話、SNSなど
- 回数：週1～月2回
- こだわり：男女、年齢・年代、エリア（国内、海外）

③「学び方」に取り組む
　学び方にも「座学（スクーリング）、対話学習、体験学習（フィールドワーク）、自習」があり、1対1の個別指導から3～5人のグループ指導までさまざまです。どのような学び方が自分に合っているか、やってみたいか。どれくらいの予算（月々の受講料）を払ってもいいのかも、まとまり課題に盛り込んでみたい大切な要素です。

- 学び方：座学、対話、体験、自習、グループ指導（人数）
- 予算：月～～円、1回～～円

④「教え手」になってもらう
　学び・手習い歴が長い人のなかには初心者向けの「教え手（講師、指導者）」レベルの人がいます。経験・実績はどれだけあるか、意思や時間はあるか、対象は誰で、どの人数なら可能か、どこでどのレベルの人に教えたいか、を聴き取り、まとまり課題にプランニングしてみます。

- レベル：講師、指導者、助手
- 頻度：週単位、月単位　など
- 対象：初心者、子ども、大人
- 人数：1人～5人～20人以下
- 場所：○○センター　など

　「学び」は要介護5になっても続けられる「**ゼロから始められるCADL**」です。

趣味⑤ イベント・行事系（受動的・能動的）

イベントや行事の空気感は多くの人を魅了し元気づけます。「ハレの場」は日本人が大切にしてきた文化の1つです。その代表格が地域で続いてきた「お祭り」。まさに心躍る場に人は集いたがります。「イベント・行事」を趣味とする人には「参加する」タイプ（聴衆として楽しむ）と「参画する」タイプ（担い手として楽しむ）に分かれます。いずれも熱情あふれる体験型趣味と言えます。

イベント・行事の「3つの効果」

日本という国は一年365日、毎日が何かの記念日です。年中、何らかの恒例行事や年間行事があります。海外から不思議がられるのが、年末にクリスマス（キリスト教）、大晦日に除夜の鐘（仏教）、正月に初詣・おみくじ（神道）に取り組む国民性です。いかにイベント・行事好きかがわかります。家族行事なら誕生日、結婚記念日、家族旅行、お盆・お正月、○○回忌などがあります。

イベント・行事にはどのような効果があるでしょう。

- **メリハリがつき「未来的」になる**

地方なら、地元の恒例行事（例：祭り、催事）や町内会などの年間行事に加えて家族や同窓会などの行事だらけの人がいます。それはつまり「期間と日時」（ちょい先の未来）が決まっていることです。何百年続く伝統行事なら尚更です。だから人生の計画も立てやすい。コンサートやフェスティバルの<u>前売りチケット</u>は未来の「<u>予約席</u>」を手に入れるようなものです。

- **「つながり」が戻る・生まれる・育つ**

行事・イベントに参加する・参画するいずれでも、人の「つながり」は強まります。とくに作り上げる側だと関わる人同士と同じ汗を流すことになり、「同感と共感の関係」が深まります。参加するのも家族や友人と連れ立っての参加ならつながりは深まります。

- **カラダと心が「躍る」**

イベントや行事の醍醐味はカラダと心が躍ること。お祭りならお囃子と歓声と喝采、野外コンサートならリズムを全身で体感し、会場全体が盛り上がり、非日常の感覚が脳を心地よく刺激します。寝たきりになっても指先でリズムをとり音楽に合わせて口元が動くことも。そんなドラマが作れるのがイベントや行事のもつ「偉大なパワー」です。

イベント・行事が好きな人の「4つの資質」

10人いれば数人は「お祭り好き」です。イベント・行事好きの人はこだわりが顕著です。要介護になっても「やる気スイッチ」になるのがイベント・行事です。どういう資質を持っているでしょう。

○ **季節感を重んじる**

日本には四季にちなんだ行事や祭りが数多くあります。桜の花見にひな祭り、端午の節句、初夏の七夕、秋の豊作祭り、冬のどんど焼きなど、季節を祝うイベントを重んじる人はまさに「ザ・日本人」です。

○ **伝統の継承にこだわる**

消えゆく祭りがある一方で古来からの伝統的な行事や祭りを、世代を超えて継承していこうと情熱を燃やす人は「地元愛（ラブ）な人」です。

要介護となっても本人が祭りの元胴元や勧進元だったり、郷土史や地元文化に詳しく、「絆を重んじる気質」を備えた人です。

○ **地域コミュニティを大切にする**

地域のお祭りや年中行事のよい点は、地域住民が協力し合うことで、つながりと一体感が生まれ強まる機会があることです。面倒と敬遠されがちな役を引き受ける人は、顔も広くインフォーマル資源の支え手になれます。

○ **社会的役割を担いたい**

祭りや行事を担うのは神社の氏子衆（お寺なら檀家衆）になります。仕切り役は中高年ですが、実際は地域の若衆・女衆が担ぎ手・踊り手として参加するのが一般的です。要介護となった男性高齢者がかつては「祭りの中心的担い手」だったことはよくあります。新しい担い手が「心の支え手」候補として本人のところを訪れ、教えを請う・教えることが強い動機づけになります。

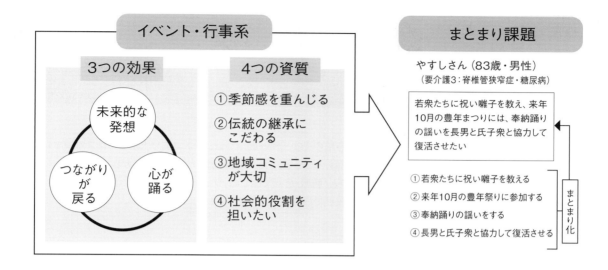

行事・イベントの「まとまり課題」の プランニング・ポイント

イベント・行事で社会的交流が促進され、なつかしい友人・知人との再会も期待できます。身体活動が促され、脳の刺激は記憶を活性化させ、認知症にとってもよい刺激となります。これらを意識してまとまり課題をプランニングします。

①行事・イベントを決める

ゴールは本人が「参加したい！」と思う家族、仲間、地元の行事・イベントを決めます。基準は「本人がワクワクすること」。
・時期：○年○月○日、○○の日
・参加者：家族・親族、知人、仲間
・目的：祈願できる、心が躍る

②参加する・見学する

移動手段はどうするか、視聴・見学のみか、カラダを動かすのか、誰にサポートしてもらうか。阻害要因の解決を視野に求められる心身機能とADL・IADL、体調管理を整理します。
・移動：徒歩、杖、シルバーカー、車いす、バス、電車、タクシー、送迎車
・顔ぶれ：1人、家族（子ども、孫、きょうだい、いとこ）、知人、元仲間など
・服装：祭り衣装、浴衣姿、イベント衣装（法被、Tシャツ、ユニフォーム、帽子）、コスプレ、ライブ衣装など
・健康管理：体力・体調、栄養改善、ADL訓練、服薬管理、バイタル測定、疼痛管理など

③やってみたい・つながりたい

行事・イベントに参加して「やってみたいこと」を決めます。祭りなら、お囃子や拍手をする、一緒に歌う・練り歩く・踊るなどがあります。友人や家族と記念写真、食事会をするなど、「交わる・つながる」ことを盛り込みます。
・ミニイベント：写真・動画撮影、プレゼント交換、食事会
・身体機能：手拍子する、歌う・踊る、ペンライト・名前入りウチワを振る

④主催する・役割を担う

イベント・行事に「参画する」ことに情熱を燃やす人には、運営指導・説明にはじまり、イベント・行事の開会宣言やあいさつする、コンサートならステージに立って独唱・合唱する・演奏する・指揮をすることなどを盛り込みます。お祭りなら奉納の祝詞を挙げてもらうなどもいいでしょう。
・身体機能：立位・座位ができる、大きな声で話せる、演奏できる、見る・聴くなど

⑤「教え手・語り手」になる

イベント・行事は大切な日本の文化と伝統です。歴史が長く、かかわりが深い人ほど「継承」に意欲的です。若手や子どもに教える、由来や伝統を語るなどできることをプランニングします。
・レベル：語り部、指導者、お手伝い
・頻度：週単位、月単位、不定期
・対象：初心者、子ども、若者、高齢者
・場所：集会所、公民館、スタジオなど
・身体機能：話す、動く、動かせるなど

行事・イベントは日本人らしいCADLが際立つ「**玉手箱**」です。

趣味⑥ スポーツ・運動系（能動的）

「筋肉ブーム」のおかげでスポーツ・運動好き高齢者は急増中です。意欲・動機づけシートで盛り上がるのはスポーツ・運動系だったりするのは、要介護高齢者のなかに、元々はけっこうなスポーツ経験者だった人もいるからです。「スポーツ・運動」を趣味とする人には「プレーして楽しむ」タイプと「観戦・応援で楽しむ」タイプ、それと「ゲーム展開を楽しむ」タイプの3つがいます。それぞれの傾向と目的に合った質問で「やる気スイッチ」をキャッチしましょう。

スポーツ・運動の「3つの効果」

スポーツ・運動といえば「健康にいい」と単純に理解しがちですが、3つの効果が期待できます。

- **身体的側面**：運動は、高血圧や2型糖尿病、心臓病など健康上のリスクを減らしてくれます。有酸素運動や筋力トレーニングは脂肪を減らし「貯筋」できます。なにより**骨密度**の維持が高齢者には必須です。スポーツ・運動は骨を強くし、骨粗鬆症のリスクを低減します。
- **精神的側面**：心の負荷が低減し**ストレスが軽減**します。技術が向上する、戦術や戦略がキマル、歓声を上げる・歓声を受けることで**自己肯定感**は向上します。定期的な運動には自己管理が求められるので、軽度から中程度のうつ病の症状も軽減することも期待できます。
- **社会的側面**：多くはチームスポーツなので、初対面でも「つながり」が生まれ、**役割（ポジション）**を担うことでチームプレーが生まれます。教える・指導することで社会的認知の獲得になり、本人の社会的立場（メンツ）が守られます。

スポーツ・運動の「楽しみ方」

スポーツ・運動の楽しみ方は実はかなりそれぞれで、とても個性的です。
- 「プレーのみ」を楽しむ
- 「プレー＋観戦・応援」を楽しむ
- 「観戦・応援＋考察」を楽しむ

これらに次の要素が微妙に混じっています。推しのチームや選手がいる・いない、種目やチームに関する知識欲が強い、やたら戦略・戦術に詳しくゲーム展開にうんちくを語る考察好きなど、さまざまです。

スポーツ・運動を好む人の資質

スポーツで刺さる人と運動（トレーニング）で刺さる人の違いを考えてみます。前者はチームプレーが楽しいエンタメ派、後者はジム通いが好きでストイックな自己鍛錬派と分けてもよいでしょう。次のような資質を持っています。

○**競い合うのが好き**：相手のチームや自分との勝ち負けや順位づけ（記録）をめざしてがんばるのが好きな人です。追い込んだり、逆境をパワーにできる人です。

○**協調するのが好き**：コミュニケーションを密にとり、チームプレーで協調することに情熱を燃やす人です。少年野球のコーチを引き受けるタイプをイメージするとわかりやすいでしょう。

○**自己トレーニングが好き**：上達には地道な努力と鍛錬（練習）が必要です。根性好きで、ストイックさと気合で乗り切ってきたタイプの人は、がんばり過ぎる、弱音を吐かない、同じことを周囲に求める傾向があります。

○**健康意識が高い**：健康的なライフスタイルを志向し、身体を動かすこと自体が喜びで、アウトドアスポーツにも積極的です。サプリメントや食事内容に超こだわる健康オタクな人も一部います。

スポーツ・運動系のまとまり課題のプランニング・ポイント

スポーツ系・運動系のまとまり課題は、「みんなとつながり、明るく楽しく身体を動かす・競い合う」という要素を含

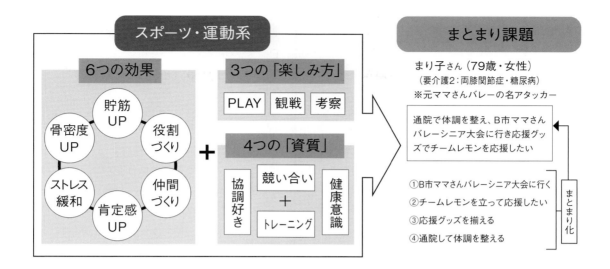

んだプランニングがやる気スイッチを刺激します。「観戦・応援」だけでも感情面で高い満足度・充実感が期待できます。運動系の人は「1人で地道にストイックに目標に取り組む」要素がポイントです。ここではスポーツ系を中心に解説します。

①種目・チーム・時期を決める

本人が「やりたい！観戦・応援したい！」種目とチーム（選手含む）を決めます。基準は「やっていた・やってみたかった」。

- 時期：○年○月○日、シーズン
- 種目：屋外・屋内スポーツ、運動
- 場所：○○スタジアム、○○体育館

②プレーする・運動する

スポーツ種目や運動種目ごとに必要な身体機能・運動機能・認知機能とADL・体調を整理し、現状の阻害要因と促進要因を本人と話し合います。

- メンバー：身内、ファン、元プレー仲間
- 身体機能：心肺、筋力、基礎代謝
- 運動機能：股関節の屈曲運動、膝関節の伸展運動、上半身の捻転運動
- 認知機能：視力、聴力、判断力など
- 体調：痛み、だるさ、痺れの解消

注意したいのは、プロ級・玄人級の腕前だった人です。過去にやっていたとはいえ、元バレー経験者に風船バレー、ゴルフのシングルプレーヤーにグランドゴルフの提案は「屈辱」かも？配慮しましょう。

③観戦・応援する

スポーツ種目と運動種目ごとにチームと選手、時期と場所、誰とするか、観戦・応援方法（誰、方法、服装）、やってみたいコトを聴き取ります。

- 季節：春、夏、初秋、冬
- 場所：スタジアム、体育館、会場
- 誰：家族、サポーター仲間、友人
- やってみたいコト：応援歌を歌う、腕を上げる・振る、歓声・手拍子を叩く、ウエーブで立ち上がる
- 服装：応援衣装（法被、Tシャツ、ユニホーム、マスク・帽子、ハチマキ）、応援グッズ（メガホン、笛・太鼓、かぶりモノ、小旗、ウチワ）

④語り合う・準備する

プレーするのも、観戦・応援するのも「複数」だと楽しさも盛り上がりもアップします。初対面でも好きな種目やチーム・選手が共通していると即親しくなり、話題もつきません。プレー＆観戦・応援を一緒に準備すればつながりも深まり、「心の距離を縮める期間」となります。

- 語り合い：時期、場所、メンバー
- プレー準備：身体・運動機能のリハビリテーション、各種トレーニング
- 観戦・応援準備：グッズ作り、グッズ・服装買い出し、移動手段の手配

⑤「教え手」になる

今は要介護でも、元プロ級・アスリート級のレベルの人なら、言葉や文字で「指導する＝教え手」になれます。本人の有能感と貢献感の充実をめざします。

- レベル：総体・国体選手、プロ級、アスリート級、コーチ・指導経験者
- 頻度：週単位、不定期など
- 対象：初心者、子ども、高齢者
- 場所：体育館、公民館、ジムなど

健康志向の要介護高齢者は要介護となってもスポーツ・運動が十分「やる気スイッチ」になります。

趣味⑦ ゲーム・遊び系（能動的）

シニアにも広がっているのが「eゲーム」です。そもそも日本人は実にゲーム好きです。正月はカルタとトランプが定番。さらにサイコロを使った人生ゲームやスゴロクもあります。初対面同士でも、誰とでも親しくなれ楽しめるのがゲームと遊びの良さです。人と人を軽やかにつないでくれるからです。「おもしろさと楽しさあふれるアクティビティ」も大切なCADLです。

ゲーム・遊びの「5つの効果」

CADL理論で高齢者とゲーム・遊びが相性よいと考えるのは、なによりも「楽しい」から。ゲームには競い合う要素が含まれるので、いい意味でムキにもなれます。好きなゲーム・遊びのジャンルは人によってマチマチですが、その魅力は「没入感に浸れる」ことです。

どのような効果があるでしょう。

1. 認知機能の維持・向上：
パズルやボードゲーム、カードゲームなどは、記憶力はもちろんのこと推察と予測、「この手で攻めよう」とする戦略思考が求められます。まさに脳の活性化と認知機能の維持・向上に役立ちます。

2. 身体的活動の促進：
身体を動かすゲームや遊びレベルの軽スポーツは体力維持とストレスケアに効果的です。筋力低下を防ぎ、柔軟性やバランス感覚の改善にもなります。ただし膝など関節に負荷がかかりケガをするリスクがあります。

3. 社会的交流を楽しむ：
ゲームも遊びも「人との交流」が必須です。初対面の人でも話題が一致し、孤独感の軽減や人間関係の広がりにつながります。対戦型デジタルゲームは全国の人とつながれます。ただし、全身を動かすこともなく、没入し過ぎると座位の姿勢が固定され、注意が必要です。

4. こころ（心）の健康の向上：
楽しい遊びやゲームはストレスを減少させ、「主観的幸福感」を高めてくれます。新しいスキルが身につき実力がついてくると自己効力感も高まり、うつ予防にも役立つことが期待されます。

5. 規範性と柔軟さが楽しい：
ゲームにはルール（規範）に従うおもしろさがあり、遊びには自由な発想と行動が心を解放させてくれます。「従うことの安心感」と「自由にふるまう楽しさ」の両方が心をウキウキさせてくれます。

ゲーム・遊びを好む人の資質

○**知的バトルが楽しい**：知的な競い合いの要素があるゲームや遊びは問題解決や戦略的思考を楽しむ人が没頭しやすいのが特長です。刺激的な達成感や満足感を得る源泉といわれます。

○**複数が楽しい**：複数人で楽しむインドア・アウトドアのゲームや遊びはコミュニケーションを取ることが多く、協力しながら楽しむことを好む資質の人です。

○**1人が楽しい**：じっくり楽しみたい人はマイペースが好き。1人でジグソーパズル、数独ゲーム、チエの輪、マジックキューブは没入できるので、本人にとっては十分楽しい趣味です。

○**興味・関心ごとが好き**：新しいことを学んだり体験することが無性に好きな人は知的好奇心にあふれています。

○**こだわるのが好き**：複雑なルールやストーリー、唯一の場面や体験を魅力に感じるこだわり派は「オタク系」の資質があります。

ゲーム・遊びを「2つの領域」で整理

ゲームと遊びは大きく分けてインドアとアウトドアの2つに整理できます。

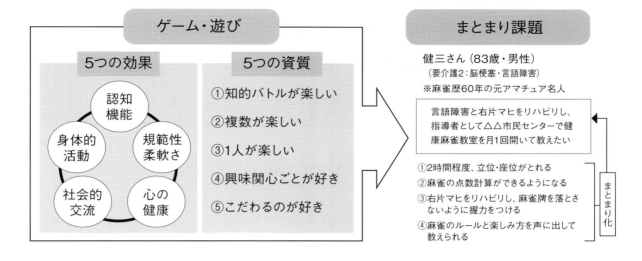

- **インドア派**：ボードゲーム（将棋、囲碁、麻雀、チェス、オセロ、UNOなど）、カードゲーム（トランプ、カルタ、花札）、パズルゲーム（ジグソーパズル、クロスワードパズル、数独）、ほかにダーツ、ビリヤード、テレビゲームなど
- **アウトドア派**：山系（ピクニック、スキー、森林浴、バードウォッチング）、川系（川釣り、カヌー、ボート、川下り）、海系（海釣り、海水浴、スイカ割り、砂山崩し、ダイビングほか）、滞在系（キャンプ、バーベキュー、芋煮会）、空系（ハンググライダー、パラグライダー、スカイダイビング）

ゲーム・遊び系の「まとまり課題」のプランニング・ポイント

インドア派・アウトドア派いずれも本人の「思い」を聴き取り、インフォーマル資源を含めてプランニングします。

①種類・理由・顔ぶれ・時期

インドア・アウトドアの「どっちか」でなく「どっちも」を聴き取ります。「やっていた」だけでなく「やってみたかった・やってみたい」も。種類と理由、熱中した顔ぶれと時期、エピソードを忘れずに聴き取ります。

- 種類：インドア、アウトドアごとにやった・やってみたい種類を具体的に聴き取る
- 理由：好きだった、盛り上がった、強かった、楽しかった、憧れていたなどのエピソード
- 顔ぶれ：家族、友人、趣味仲間等
- 時期：10代〜70代
- エピソード：勝利・敗北体験、チーム体験、選択・断念体験、成功・失敗体験、悲惨体験等

②遊び方・楽しみ方

インドア・アウトドアのゲーム・遊びごとに、必要な身体機能・運動機能・認知機能とADL・IADL・体調は異なります。やってみるための阻害要因と促進要因を本人と話し合います。

- 身体機能：心肺、筋力、基礎代謝等
- 運動機能：座る、握る、立つ、歩く、走る、蹴る、泳ぐ、叩く、声を出す等
- 認知機能：視力、聴力、判断力、記憶力、記銘力、思考力等
- 体調：痛み、だるさ、痺れの解消等

どのような「楽しみ方・遊び方」かわからない時は、聴き取りだけでなく、本人に動作をやってもらう、ネットのYouTubeなどで検索し、情報収集をしましょう。

③シミュレーションする

ゲーム・遊びごとに「顔ぶれ、時期、場所、ADLやIADL」をシミュレーションしましょう。プレーできなくても観戦・応援するだけでも楽しく盛り上がれます。プレー&観戦・応援に取り組むのも家族や友人・仲間たちと「一緒に準備」すればつながりも深まり、準備期間も「心の充実期間」になります。

- 時期：○○年○○月頃、春夏秋冬
- 場所：自宅、公民館、公園、運動場、体育館、河川敷、キャンプ場、川・海、海水浴場、砂浜、山、スキー場等
- ADL：移動（杖・車いす含む）、排泄、入浴、着替え、会話（PC含む）等
- IADL：買い物（ユニフォーム、衣服、グッズ・ギアなどの購入）
- 準備運動：身体・運動機能のリハビリテーション、各種トレーニング等

アウトドアも現地スタッフによる多様なサポートがあり、種類次第・アイデア次第で可能です。インドアは中重度となってもベッドで楽しめるエンタメです。軽度のうちからケアプランに盛り込み、慣れる段階からレベルアップを目指すのもよいでしょう。

趣味⑧ 遊興ギャンブル系・投資系(能動的)

男性利用者との会話でとかく苦手とされるのが「遊興ギャンブル・投資」の話題。生活が困窮している利用者にもかつて熱狂的なギャンブル人生を送った人もいます。ギャンブル・投資の話題をきっかけに人生遍歴を饒舌に語ってくれ、思わぬ深い聴き取りができることもあります。「人生これがすべて」と依存傾向のタイプから年に数回程度に運だめしで楽しむタイプ、お金以外の魅力(サラブレット馬が好き)を楽しむタイプの3つに分かれます。聴き取りから人生観や生活歴、家族歴、金銭感覚や価値観を把握します。

遊興ギャンブル・投資の「種類と特徴」

遊興ギャンブル・投資の代表的な種類と特徴を知ってるだけでコミュニケーションの話題に幅が広がります。

○**パチンコ・パチスロ(企業)**
国道添いや駅前の目立つ存在で男性だけでなく女性ファンも多い。「新台」の試し打ちへの欲求は強く、長時間のプレーでは集中力と忍耐力、座位の安定が求められます。昭和のオトナの「楽しい社交場」ともいえます。

○**競馬(公営)**
「競馬予想」は過去のレース結果や馬の育ち、騎手との相性や馬場の天候、出馬表とレース展開などの詳細なデータを分析して予想します。注目馬、穴馬、重賞レースなどから馬券の種類と金額を決めます。馬や競馬そのものに強い情熱と愛情があり、予想的中したエピソードは盛り上がります。

○**競輪・競艇・オートバイ(公営)**
スピード感やレースの興奮などスリルを楽しむ人が多い。レースの展開予想は選手情報や戦績だけでなくエンジン性能や天候・風向きを見極め着順予想します。比較的高齢者にファンが多く、競技場そばの立ち飲み屋の交流が何よりの楽しみの人が多いのも特徴です。

○**カジノゲーム(海外:企業)**
男性の海外旅行自慢の1つがバカラやブラックジャック、ルーレットなどのカジノ体験。一攫千金もあれば大負け・小負けした経験は誰もが持っているものです。成功談はもちろん、失敗談のほうが盛り上がったりします。

○**宝くじ(宝くじ協会、自治体)**
宝くじ好きは当選確率が低いのに、大きな当選を夢見る「運だめしタイプ」です。低リスクで楽しめるギャンブルなのでハードルは低く、年末ジャンボなどは国民的行事になっています。最高当選金額や当選金を何に使うかは「ifクエスチョン」を使うと盛り上がるでしょう。

○**株式投資(証券会社)**
株式投資を好む人は企業業績や市場動向を詳細に銘柄分析し、市場変動を見きわめリスクを取ることに積極的です。長期的に株式を持つ人と短期投資で稼ぐ人に分かれます。リーマンショックやバブル崩壊などがキーワードとして話題になります。

ギャンブル派は「運だめし」に近いリスクを楽しみます。投資派は「計画的なリスク管理」を楽しみます。

ギャンブル・投資話題の3つの効果と注意点

高齢者がギャンブル・投資になぜ熱中するのか?その日常生活や脳内活動、生きがい面での効果を整理します。

- **日常生活での効果**:定期的に外出するための体調管理や入浴・服薬の動機づけになり、日常生活にリズムが生まれます。孤立感が軽減され、社会的なつながりが保たれます。

- **脳内活動への効果**:パチンコや競馬や株式投資は、経済予想や投資戦略、社会状況を常に分析するので認知機能の維持・向上に効果的です。また期待感と予想的中は脳内の快楽ホルモン(ドーパミン)の分泌を促し、ポジティブな感情を引き起こします。

- **生きがい面での効果**:ギャンブルは退屈な日常を送る高齢者に楽しみや適度な刺激を提供し、日常生活に活気を加えることになります。自己達成感や承認欲求も充たされ、生きがいとしての役割を果たすことになります。

- **会話の注意点**:ただし、過去のギャンブル歴や依存度をていねいに情報収集します。生活費や医療費に影響を

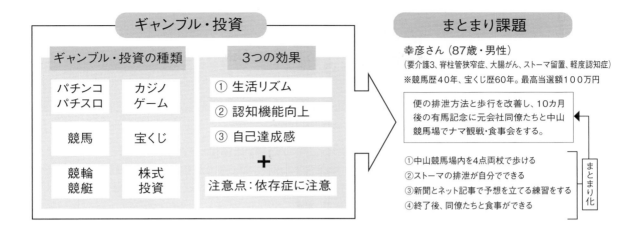

与えることには特段の注意が必要です。また負けた（はずれた）ストレスや挫折感が精神的に影響を与えることもあり、実行する場合は「金額や回数（年2回）に制限を設ける」などの予防と対策に注意を払います。

ギャンブルの「まとまり課題」の プランニング・ポイント

利用者の依存性に極力の注意をはらい、「賭ける」のではなく見学・観戦する、写真・動画を撮る、仲間と交流するなど「ちょっとワクワクする盛り上がる思い出作り」を勘所とします。なお、依存症の再発が懸念される場合には課題設定は控え、会話のやりとりにも注意を払います。

なお、心身機能が低下してもレース予想や観戦なら新聞やネット動画で可能です。話題にすれば記憶が喚起され、感情面で満足度・充実感が期待できます。

①種類・時期・場所・レース・顔ぶれを決める

本人が「賭けたい！レース観戦したい！」と思う種類と時期、行ってみたい場所（場外馬券場含む）と狙いたいレースを聴き取ります。

- 種類：パチンコ、競馬、競輪、競艇、オートレース、宝くじなど
- 時期：○年○月○日、年末年始
- レース：○○記念、応援選手
- 顔ぶれ：ファン、仲間など
- 理由：かつて勝った・負けた、興奮に浸りたい、ワクワクしたい、運だめしをしたい

②予想する・予算を決める

種類によって還元率は異なります。スポーツ新聞やネット番組などで重賞レースなどを予想してもらうのもよいでしょう。実際に賭けるなら「予算（軍資金）の上限」を決めておきます。

- 相談相手：ファン、仲間
- 選定：競走馬・騎手、選手・艇など
- 賭け方：競馬・競艇（単勝、複勝、枠連、3連単等）、競輪（ワイド、2枠複等）など種目別にさまざま。
- 認知機能：視力、思考力、判断力など
- 予算：1,000円～決めた上限

注意したいのは、予算を決めていても勝ち負け次第では熱くなり、予算の予想が外れることも。「何レースまで、何時間まで」と「制限」を設けて約束をしましょう。

③移動・観戦の準備をする

時期と場所が決まれば、どうやって移動するか、観戦・応援方法（顔ぶれ、方法、服装）、やってみたい・やってしまうだろう動きを聴き取ります。

- 場所：競馬場、競輪場、競艇場など
- 顔ぶれ：家族、ギャンブル仲間、友人
- 移動：杖、車いす、自動車・地下鉄・バスなど
- 運動機能：立位・座位をとる、腕を上げる・振る、歓声を上げるなど
- 撮影：カメラ・スマホの操作

④語り合い盛り上がる

ギャンブルは予想の良し悪しと賭けた軍資金の還元率で盛り上がり、話題もつきません。終了後に食事会などをセットし記念写真を撮り、思い出づくりをします。

ギャンブルの話題やゲームを通して浮き彫りになる「本人らしさ＝ＣＡＤＬ」はリアルで心躍るもの。コミュニケーションケアの話題（ネタ）として上手に使いこなしましょう。

趣味⑨

観光・旅行（能動的）

　CADL領域で特に盛り上がるのが観光と旅行です。旅行にはかならず「思い出」がセットされているから。親やきょうだい、家族との旅行に始まり、同級生や親友・友人との思い出話に思わぬ深い聴き取りができます。私たちが観光や旅行（旅）に魅かれる理由は人生の節目（例：新婚旅行、同窓会旅行）、恒例行事（例：卒業旅行、社内旅行）というものから身内行事（例：家族旅行）、そして自分探しまで多様となっています。

観光と旅行（旅）の「違い」

　まずは観光と旅行の微妙な違いを整理しましょう。
- **観光（Sightseeing）**：特定の名所を訪れ、見学することに焦点を当てた活動。計画的で日帰りや短期間のものが多く、時間とコストを含め効率よく「観光スポット」を巡ることを重視します。
- **旅行（Travel）**：観光を含むより広範なもの。休暇やリラクゼーション、冒険、異文化体験、自己探求など多様な目的があります。計画に柔軟性（行き当たりばったり）があり、1週間～3カ月など長期間にわたることも多いです。

　旅行好きでも国内旅行と海外旅行の2つに分かれます。費用や時間以外にどのような「特徴」があるでしょう。
- **国内旅行**：言葉や食事・移動手段に不安がなく、短期間に低コストで気軽に行けるのがポイント。日本の郷土料理や文化に触れるのが好き。
- **海外旅行**：言葉や食事・移動の不安さえも楽しもうというたくましい好奇心とチャレンジ精神にあふれています。異なった文化や生活習慣、料理、さらに絶景や建物に触れることに情熱的です。

観光・旅行の「聴き取りポイント」

　意欲動機づけシートの観光・旅行話題に深掘り質問を加えれば交友関係や価値観、やる気スイッチを把握できます。

○**絆づくり（友情、愛情、連帯感）**
　卒業旅行や家族旅行が人気の理由は共通体験をすることで友情や愛情を育むきっかけとなるから。昭和の頃までは社員旅行は定番でした。思い出は「心の絆」です。いつまでも残っています。
- 「どなたと旅行されたのが今でも思い出されますか？」
- 「もし○○が改善したら、どなたとどこに旅行されたいですか？」

○**リフレッシュ＆リラクゼーション**
　ストレス発散と休養のために観光・旅行する人は多く、「日常のモヤモヤ」から物理的に離れるために海外旅行を選ぶ人もいます。高齢者の人気リラックススポットは温泉地です。人気なのは箱根（神奈川県）、草津温泉（群馬県）、有馬温泉（兵庫県）など。秘湯巡りにこだわる人もいます。
- 「最もストレス発散になった旅行先はどこでしたか？」
- 「イチ押しの温泉地はどこですか？」

○**体験・出会い**
　日常ではできない体験（例：森林浴、陶芸、紙漉き）や出会い（例：ツアー仲間、地元の人）がだいご味です。
- 「忘れられない体験や出会いといえば、どんなことがありましたか？」

○**好奇心・冒険心・自分探し**
　旅行・旅は異文化との出会い（好奇心）だけでなく、洞窟探検などの体験（冒険心）もあれば、青春時代の一人旅（自分探し）まで動機はさまざまです。
- 「どうして○○を旅行する気持ちになったのですか？」

○**ショッピング・グルメ（食べ歩き）**
　観光の目的で多いのは買物と食べ歩きです。旅行先で買ったモノや食べた料理には思い出がてんこ盛りです。
- 「どなたとどんな美味しい料理を食べられたのですか？」
- 「どんな買物がいまでもなつかしく思い出されますか？」

○**イベント・お祭り**
　国内・海外のイベントやお祭り（例：竿燈祭り）のツアーも思い出深いもの。だれといつ頃行ったのか、どのような思い出や笑える失敗談、アクシデントがあったのか、聴き取り

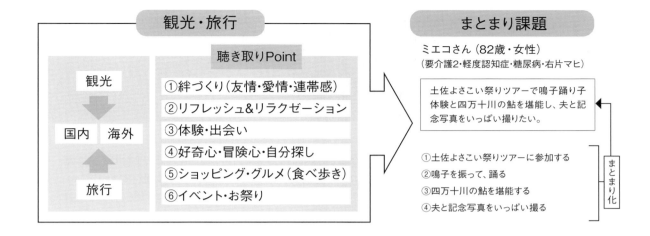

ます。
・「これまでどなたと行かれたお祭りが思い出深いですか？」

観光・旅行の「まとまり課題」のプランニング・ポイント

　ＣＡＤＬ理論では観光・旅行を課題に盛り込むと、よりやる気スイッチが動機づけられると考えます。

　観光・旅行のまとまり課題のよい点は「楽しい要素をいっぱい」含めることができるところです。行先、顔ぶれ、行程、イベント（食べ歩き、体験ツアー、ショッピング、散策、鑑賞など）を企画する準備期間はワクワクでき、終わっても思い出話に盛り上がることができます。

①行先・時期（期間）・目的・顔ぶれ・方法・費用

　本人が「行ってみたい場所」だけでなく「会ってみたい人」、「ひと目見てみたいイベント」などを聴き取り計画を組み立てます。
・行先：同市内、県内、県外、海外
・期間：日帰り、数泊、数週間
・時期：春夏秋冬、年末・年始、ゴールデンウイークなど
・目的：観光、体験、食べ歩き、鑑賞、観劇、買物、探検等
・顔ぶれ：家族、親族、仲間、友人
・方法：電車、バス、自家用車、タクシー、ツアー
・費用：数万円〜10数万円

②必要な心身の機能と体調、介護・医療サポート

　要介護高齢者は複数の疾患があり体調管理は必須です。旅行に行く・体験ツアーに参加するために必要な心身の機能と体力・体調、車いすや介護・看護などのサポートの有無、医療サポートがどれだけ可能か、を情報収集します。
・心身の機能：移動、食事、排泄、入浴、知覚・認知、記憶力、コミュニケーション、座位・立位など
・体力・体調：日帰り、数泊など
・サポート：車いす、介助（移動、食事、排泄、入浴）、看護、緊急時の医療対応機関

③準備期間を見積もる

　時期と場所、顔ぶれ、方法が決まれば関わるメンバーと準備内容を見積もります。観光・旅行はプライベートなもの。とても介護保険サービスでは対応できません。障がい者や難病に対応できる旅行会社も選択肢の1つとして情報提供します。本人・家族とともに相談して計画を立てます。
・場所の配慮：バリアフリーかどうか
・ホテル：車いす常備の有無、バリアフリー対応、合理的配慮の有無とレベル

④語り合い盛り上がる

　観光・旅行の魅力は「行く前」と「行ったとき」と「行った後」の3度も楽しめる点です。その楽しみ方の基本は「語り合い・おしゃべり」です。

　終わってからでも記念写真や記念動画、お土産物、グッズなどがあれば、いつまでも盛り上がれるでしょう。計画は行き帰りだけでなく、行く前からの「楽しさの演出」をプランニングしましょう。

　観光・旅行は五感を通して楽しめる・懐かしむことができる「本人らしさ＝ＣＡＤＬ」です。コミュニケーションケアの話題にも最適です。

役割　仕事・貢献（お世話・ボランティア）

CADLで尊重するのが「自己有能感」です。自分は役に立てているという意識は人生の自己肯定感の土台です。その基本が「仕事・貢献（お世話・ボランティア）」の項目。これまでの職業歴やボランティアで身についた経験や技術、エピソードから本人のやる気スイッチを探します。利用者が意欲的になるのは「楽しい」ことばかりではありません。能力が発揮できる・認められる・感謝されるという「行為・参加」を通じて、本人が自分を肯定的にとらえ、動機づけるパワーが宿っているとCADL理論では位置づけます。その代表格が「仕事・貢献」です。

「仕事・職業」の聴き取りポイント

高齢者の聴き取りで「仕事・職業」は大切なキーワードです。働く理由は経済的自立だけでなく、家族の養育、教育費の確保、家督・家業の継承、自己実現・生きがいまでさまざまです。

職業には農業や水産業などの第1次産業、製造業などの第2次産業、流通や販売・サービスなどの第3次産業があります。業務も製造・営業・事務ではかなり異なります。工芸品や料理人など「技」で勝負する職人系では仕事観と価値観は異なります。

そして正社員とパート（非正規）・アルバイトでも働く理由と働く意識は異なります。

1．成果・成功に着目する

会社員タイプは成果重視・売上げアップ、利益と効率性向上で励み、何より年収に連動する役職経験は自慢の1つです。どのポジションまで達したのかを質問してみましょう。

・「定年はどの役職で終えられたのですか？」

では伝統工芸や技で勝負する人はどうか？ 技術の継承や完成度、芸術性など「自分評価」が基準です。自己表現や創造性、プロセスと完成度が重要なので仕事に時間をかけることを惜しみません。

・「○○の技を極めるまで、どのようなご苦労（修業）をされましたか？」

2．やりがいに着目する

団塊高齢者の会社員系には、「**仕事・職業・会社へのほれこみ・やりがい**」などのこだわりがあります。

伝統工芸や技で勝負の職人系は創作活動や技術を磨く（腕をあげる）こと自体がおもしろく、やりがいになっています。

・「○○のお仕事で、どのようなやりがいを持たれていたのですか？」

3．働き方に着目する

高度経済成長期、団塊サラリーマンは「24時間戦えますか！」を地で行くモーレツさを求められました。職人系・芸術系は時間を忘れて作業に没頭することが幸福感いっぱいで、仕事と生活の境界が曖昧でもムリなく没頭できる人たちです。

・「現役時代はどのような働き方をされていたんですか？」

「社会貢献」の聴き取りポイント

ボランティアに取り組む割合に男女差はほぼなく、男性でも積極派が増えているのがここ10年間の傾向です。次の心理的特徴が見られます。

1．奉仕マインドに着目する

ボランティア活動に携わる人は、福祉に強い関心を持ち、人助けに喜びを感じます。困っている人や社会的に弱い立場の人々への共感が深く、自分の時間や労力を惜しまず提供することに満足感を覚えます。

・「なぜ○○のボランティアをしようと思ったのですか？」

2．自己効力感に着目する

ボランティア活動は社会的善意への参加（いいコトをしている）で自己効力感を得ることが多く、感謝されることで自己評価が高まります。仕事や趣味で身についた「技術と経験」を役立てることでポジティブな感情を維持することができるとされます。

・「とくに役に立ちたい（役に立った）と思われることはどのようなことですか？」

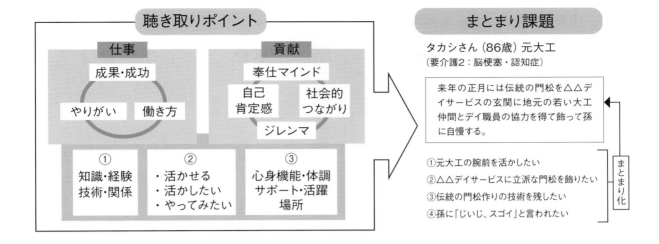

- 「感謝をされるとどのような気持ちになりますか？」

3. 社会的つながりに着目する

ボランティア活動を通じて地域社会やメンバーとのつながりが深まり、対人関係は広がり充実します。

- 「新しくつながった方とは今でもどのようなおつき合いが続いていますか？」

4. 葛藤（ジレンマ）に着目する

ボランティアに励む人のなかには、自分のなかの未解決の負の問題（例：戦争体験、介護体験、子育て体験）やジレンマを整理（贖罪、恩返し）するために語り部（講演）、居場所づくり、相談窓口などに地道に取り組む人たちがいます。

- 「どのようなジレンマやご苦労がありましたか？」
- 「今、ご自身の言葉で伝えたいことはなんですか？」

仕事・貢献タイプの「まとまり課題」のプランニング・ポイント

単純にかつての仕事やボランティアに「復帰する」ことをめざすにはムリがある場合には配慮が必要です。「知識・経験・技術」とともに「人間関係・ネットワーク」と本人の思いに着目し、まとまり課題をプランニングします。

①知識・経験・技術・関係を聴き取る

数十年の仕事、数年以上のボランティア体験者は「その道の専門家」であり、「ネットワーク」を持っています。本人にとっては当たり前の知識や経験、技術もド素人からすると「羨望したくなる知識や経験、技術」だったりします。

- 知識：金融・製造・運輸・農業・栄養・家電・教育・介護・医療など
- 経験：営業・販売、運送・送迎、経理・総務、教員、農家・釣り師など
- 技術：美容・理容、調理、接客、運転、教育、栽培、教育・保育など
- 関係：仕事仲間、会社仲間、職人仲間、業界仲間、顧客など

②活かせる・活かしたい・やってみたいことを整理する

多くの人は仕事経験やボランティア経験が他の役に立つとは考えていません。業界内では重宝される知識や技術も一般にはなんら役に立たないと思っている人が大半です。

話されるエピソードの中から「何が活かせるか・やってみたいか？ 誰の支え手になれるか？」の視点で深掘りし、「やる気スイッチ」を引き出します。

- 見せる・教える：身についた技術（例：野菜作り、料理、美容、米作り、縫製）
- 話す：体験記、苦労話など

③心身の機能と体調、サポート、活躍場所をシミュレーション

仕事・ボランティアに100％復帰はむずかしくとも、得意分野に特化する、できること・楽しめることからシミュレーションします。

- 心身の機能・構造：動作、知覚、認知、コミュニケーション
- 体力・体調：活動レベル
- サポート：環境因子（福祉用具等）
- 活躍場所：集いの場・通いの場等

仕事・貢献（お世話・ボランティア）をまとまり課題に設定して、本人の有能感と自己肯定感、社会的役割を担うチャンスを作り出します。

| 心の支え | # 信心・信仰・宗教

日本人と宗教との関係は微妙です。CADL理論では、この「信心・信仰・宗教」も本人らしさ、生活スタイル＆価値観とつながる「やる気スイッチ」として重視します。日本人の多くは実家の菩提寺の宗派もどこの神社の氏子（うじこ）なのか、ほとんど知らないのが現状です。とはいえ、年間を通した恒例行事の多くが「宗教がらみ」なのに、それを意識しないぐらいに生活文化として使いこなしているのが日本人独特の「距離の取り方」です。

信心・信仰・宗教の「違い」

利用者（家族）が信心や信仰心、宗教を「人生の土台」として生きる人たちなら、宗教上・信仰上の価値観や生活感・生活習慣、生きる意味ややる気スイッチ、看とりに至るまで深く影響します。

日本人の信心・信仰心には人によってかなりの濃淡があります。その代表格が特定の宗教・宗派は持たない「カジュアルにつきあう人」たちです。願かけやお清めのときは「困ったときの神頼み」と称して、できるだけ霊験あらたかなパワースポットとしても有名な神社でお祓いをしてもらい、ツキがうまく回るように「験（げん）を担ぐ（例：勝負パンツ）」、神社の鳥居や仏像の前ではとりあえず手を合わせる、御朱印帳をスタンプラリーのように扱う（身体習慣化）人たちです。

一方、確たる宗教・宗派の組織（教団）に属し、布教から生活様式すべてが教義や儀礼に基づいている「ヘビーで真剣な人」たちがいます。

これを分けるのは信心・信仰心のレベル感と宗教・宗派への所属志向・帰依意識との「距離感」にあります。

- 信心：人間や自然を超越した力や自然界の現象、岩石・天候に精霊や神が宿ると広く「信じる心」や「敬う心」（アニミズム）を意味します。特定の宗教に限定されず、日常生活における道徳的な行動（善行）や態度、生活動作や所作に現れます。
- 信仰心：特定の宗教・宗派に所属し、教団の教義や儀礼、祭礼、生活様式すべてを遵守し、神や仏などへの個人的な深い信念や信頼を意味するのが「信仰心」です。

その人の信心・信仰心・宗教・宗派に向くレベル感と距離感を聴き取っておくとプランニングの時の参考になります。

特定の「教団」に属する心理

では、信心や信仰心の厚い人は、なぜ特定の宗教や宗派に魅かれるのでしょう。宗教・宗派を表明する人にも生業とする人（例：僧侶、神父、神主）から一般の人（信者）までさまざまです。宗教・教団は無数にあり、日本の伝統宗教は仏教系、神道系、キリスト教系に分かれ、大正・昭和期の新宗教ブームでは「新興宗教」（例：天理教、金光教、真光教ほか）が多数生まれました。

特定の教団に所属する人の心理を「やる気スイッチ」にさせる仕組みと仕掛けがあふれています。

○所属感とアイデンティティの形成：
信者は教団に属することで、共同体の一員であるという強い「所属感」を得られ、アイデンティティ形成により精神的な安定や安心感をもたらされます。人間関係が苦手な人が惹かれる由縁でもあります。

○共通の信念と価値観の共有：
教団の教義や価値観により抱える悩みや不安が解消され、それが自らの信念と一致すると信者は自分の世界観が支持されている（承認欲求）と感じます。これは心理的な満足感や一体感を強化します。

○社会的影響と規範の内在化：
教団は教義や儀礼を通じて、信者に特定の行動規範や価値観を強く説き、信者は教義を次第に「自己内在化」させます。教団内において信者間の協調性と同調性は高まり、関係性は深まります。

○所属の欲求と感情的な充足感：
信者間では礼拝や儀式、集会、布教、日曜学校、ボランティアなどの共同活動（奉仕活動）を通じて所属の欲求（感情的満足）が満たされ、同じ行動により高揚感を得られ

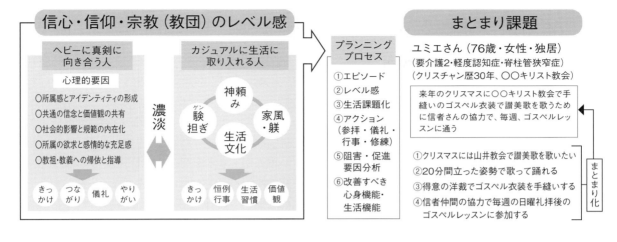

ます。これが教団への帰属意識をさらに強めます。

○教祖・教義への帰依と指導：

宗派・教義にはカリスマ的な教祖や導師の存在（キリスト、仏陀など）があり、教義や経典のなかに示される「崇める存在」（阿弥陀如来、観音菩薩）に帰依し、そこに示された教えを指針とします。教書や経文などをくり返し唱えることで「**帰依意識**」は強化されます。

生活にメリハリをつけてくれる神道・仏教の「風習・習慣」に着目

教義にがっちり帰依しないカジュアル系の人たちでも、神道の風習である門松や節分、七五三や初節句、厄払い、齢祝い（卒寿、白寿）を大事にする人は大勢います。仏教ならお葬式や墓参り、彼岸などの「先祖供養」や煩悩を消し去る除夜の鐘が定着しています。キリスト教ならクリスマスが筆頭でしょう。

信心・信仰の「まとまり課題」のプランニング・ポイント

信心・信仰をまとまり課題にするポイントは本人の宗教・教義への帰依レベルと距離感、濃淡（グラデーション）のレベルに合わせて行います。ヘビーで真剣な人なら由緒ある寺院・神社・教会への訪問や教義・儀礼の実践（例：写経、座禅、読経、参拝、説教、告解）、カジュアルな人なら恒例行事への参加や見学、参拝などで組み立てます。

①行先・時期（期間）・目的・顔ぶれ・方法を決める

訪れたい寺院・神社・教会だけでなく身内の儀式（結婚式、初詣）や身内の年忌法要などから計画を組み立てます。

- 行先：市区町村内、都道府県内、海外
- 期間：日帰り、数日間
- 時期：恒例儀式の日程に準じる
- 目的：年忌法要、墓参り、厄払い、初詣、七五三、初節句、クリスマス
- 顔ぶれ：檀家・信徒・信者、家族・親族
- 移動方法：自家用車、タクシー、介護タクシー、電車、バス等

②必要な心身の機能と体調、サポートをシミュレーション

要介護高齢者は複数の疾患があり体調管理は必須です。参拝するために必要な心身の機能と体力・体調、車いすや介助者の有無、医療サポートのレベルなどをシミュレーションします。

- 心身の機能：座位・立位、歩行、上肢の動作域、手先の巧緻性（合掌）、咽喉頭機能や構音・発声機能（読経）
- 体力・体調：日帰り、数泊など
- サポート：車いす、介助（移動、排泄）、看護、緊急時の医療対応機関、信者・信徒の中の協力者

③準備期間を見積もる

準備期間は気候が安定する春・秋、恒例行事の時期（年末、年始）、年忌法要（身内・友人の命日）などでおおよそ決まります。信心・信仰はとてもプライベートであり、介護保険では対応できません。民間の送迎サービスなどを情報提供し、必要に応じて本人・家族・信者の話し合いに参加するのもよいでしょう。

- 環境への配慮：階段数、手すり・スロープの有無、砂利道・踏み石の有無などのバリアフリーレベルの把握

④語り合い盛り上がる

「儀礼・参拝・礼拝」で得られる充実感や幸福感を語り合います。記念写真や記念動画、記念品（御朱印帳、おみくじ、お守り）などがあれば後々になっても会話は盛り上がります。

信心・信仰を通して浮き彫りになる「本人らしさ＝CADL」はリアルで心躍るもの。まさにやる気スイッチです。

CADLワード ④ 未来志向

　CADL理論における「未来志向」という概念は、本人が現在から未来（これから）に向けて、自らの生活を主体的にデザインしていくための重要な視点です。

　「未来志向」とは具体的な課題（CADL：望む暮らし）・目標や計画を立て、実現に向けての方法を検討（デザイン）する「プロセス」を指します。

　CADL理論が「未来志向」を重視するのは、本人が自らの生活や人生を受動的・受容的及び依存的な状態になることなく、「未来形」で主体的・積極的に考え・創造していくこと「なる私」ができるものとしてとらえるからです。

　本人が将来どのような生活を送りたいのか、どのような目標を達成したいのかを明確にするプロセスが、実現したい課題に取り組むためのモチベーションとなります。

　「未来志向」は、具体的な目標設定と、それを達成するための段階的な計画を立てることを含みます。例えば、「1年後、妻と国内旅行に行きご当地グルメを楽しみたい」という本人のまとまり課題に対して、まずは近所の公園散歩から始め、3か月後に日帰りバス旅行、半年後に宿泊旅行へと段階的に進める計画を立てることで、実現可能性を高めます。

　「未来志向」を引き出すポイントは、本人の「できないこと」ではなく、「できること」「できそうなこと」「やってみたい」に焦点を当て、前向きな気持ちを引き出すことを重視します。

　本人が「未来志向」で考えられるために、支援者が本人の興味・関心や楽しみ、価値観、生活信条などを深く理解し、本人が望む未来像（将来像）を共に描く「会話（対話）」を重視します。本人自身が目標を持つことで、日々の生活の中に新たな挑戦や充実感が生まれます。また、長期的な目標だけでなく、短期的な目標を設定することで、成功体験と達成感を積み重ねるよう支援することが効果的です。

　このように、未来（将来）を具体的にイメージし、それに向けた行動を促すことで、本人のモチベーションを引き出すことをめざします。

　「未来志向」を引き出すポイントは、本人の「できないこと」ではなく、「できること」「できそうなこと」「やってみたいこと」に焦点を当てることです。

CADLワード ⑤ 「固有の名（固有名詞）」のチカラ

　CADL理論は「具体的な表記」をとても重視します。表記の種類には「名前、住所、場所名、建物名、店名、ブランド名、商品名」などです。「固有の名（名称）」を重視する理由は、その「名称にチカラ」があるからです。

　「固有の名」は、本人の感情や記憶を呼び起こし、行動への動機づけや意欲を高める力を指します。「総称、分類名」ではなく、特定の具体的な名称を知ることで支援者もその人の「好みの傾向」や「思い出・記憶」に具体的に共感をすることが可能になります。特定の場所や建物、店名や商品名、思い出の場所などは、本人のかけがえのない思い出や過去の経験と深く結びついています。

　本人が大切にしている「固有の名称」を把握することで、どのような人生を歩んできたのか、どのような感覚や感性を持った人なのかを、より深く理解することができ、「共感関係」を強めることになります。

■「固有の名（名称）」のチカラ：エピソード

　総称は「抽象的」です。抽象性は受け手に「イメージする動機づけ」になりますが、具体的ではないために「誤解を生むリスク」があります。具体的表記をすることで「正確に事実が伝わる効果」があります。

〈歌が好き〉

　「歌」だけでは、ジャンル（例：演歌、歌謡曲、童謡）も歌手（例：八代亜紀、野口五郎）、曲名（例：雨の慕情、私鉄沿線）、時期（例：1970年代、80年代）が不明です。

　例：「西城秀樹の『ヤングマン』が好き」

〈甘いものを食べたい〉

　「甘いもの」だけでは、種類（例：和菓子、ケーキ）、ブランド（例：虎屋、不二家、ロッテ）が不明です。

　例：「銀座千疋屋のフルーツゼリーを食べに行きたい」

　※こだわり、身なり、移動をイメージできる。

〈旅行に行きたい〉

　「旅行」だけでは行先（例：京都、金沢、草津、海外）、目的（例：温泉、観光、同窓会）、顔ぶれ（例：家族、友人、仲間）、期間（例：日帰り、2泊3日）、が不明です。

　「来年10月には熱海の温泉旅行に長女と行きたい」

　※移動方法・時間、体力、費用がイメージできる。

　話題が具体的になると「楽しい」だけでなく「環境」までもシミュレーションすることが可能です

ADL 実践編

ADL の「らしさ」
～プランニング～

ADL実践編① ADLの「らしさ」

ADLのアセスメントを「自立・一部介助・全介助」と単純に評価するのでなく「どのように（How）行っているか」の視点で評価し、阻害要因と促進要因を分析することが重要です。その「How」に大きく影響するのが「らしさ（個別性）」です。ADLの行為のほとんどはプライベートな環境で行なわれ、そのやり方は「自分流」が基本となっています。CADL理論では「個人の尊厳」を守る行為は「自分流」を尊重したサポートと考えます。

ADLは「生命行為、快適行為、関連行為」

ADL（activities of daily living）とは誰もが日常的に行う「生活行為」（日常生活行為）です。ADLの自立支援では「本人の能力、環境整備、運動と活動、栄養管理、参加・生きがい」の5領域での評価がされます。CADL理論では2つの行為に整理します。

・**生命行為：食事、排泄、睡眠**

生命行為とは「生きるために必要な生活行為」です。体調の維持・管理には医療的視点とサポートを行い、本人が生命行為を行える介助（介護サポート）が必要となります。ここでも「主観的幸福感」の視点が重要です。食事を単なる栄養摂取・補給や水分摂取・補給ではなく、メニューや食材、調理と味つけ、源水の種類（例：富士の伏流水）など、個人の好みにこだわった「楽しい行為」と位置づけることを重視します。

・**快適行為：入浴、整容、更衣**

快適行為とは「心地よい暮らし」を送るためにする生活行為です。入浴は清潔を保つだけでなく心身のリラクゼーションにも効果的です。整容は日常の清潔な暮らしぶりだけではなく、外出の動機づけや気分転換の意味で「おしゃれ」（例：化粧、髪のセッティング）の視点があると本人の意欲を動機づけることができます。

同様に、更衣は身体の安全と保護だけと考えるのではなく、本人が大切にしている季節や場所・相手に合わせた更衣（身なり）に外出時の「おしゃれ」の視点（ファッション・コーディネート）があることをCADL理論では重視します。

とくに「おしゃれ」には本人の好みや内面の感性、価値観・願い、TPOへの気づかいが表れます。（らしさの表出）

・**関連行為：移動（起居動作、移乗動作含む）**

生命行為・快適行為は専用の個人スペースで行うことがほとんどです。食事なら台所、入浴なら浴室、排泄ならトイレ（便所）、整容なら洗面所や化粧台、更衣なら居間・脱衣所などになります。その場所を結ぶのが「廊下」です。廊下の移動方法には徒歩、1点・4点杖歩行、歩行車歩行、歩行器歩行などがあります。

要介護が中重度になれば移動困難が阻害要因となり、やがて「寝たきり＝ベッド上での生命・快適行為」を行うことになります。

ADLと「癖」

ADLの「らしさ」理解に、「癖」はとても重要です。文化的背景や家庭での躾け（しつけ）、生育歴によって大きく影響を受けます。個人の行動パターン（無意識の習慣含む）から物事への感じ方（例：ストレス）にも影響を与えます。次のような「癖」があります。

・**食事**：お茶で口をゆすぐ、噛む音をたてる、箸をなめる、迷い箸をする、
・**態度**：大胆なくしゃみ・あくび、貧乏ゆすり、舌打ちをする、耳・鼻をほじる、唇をなめる
・**風呂**：シャワーを浴びずに入浴する
・**整容**：磨く前に歯ブラシに水をつける

これらの癖は「心地よい・楽である」のもあれば、知らぬ間に身についた、注意されても治らないこともあります。いずれの癖も「個別性」が高いのが特徴です。

ADLと「自分流」～らしさ軽視の「リスク」～

CADL理論では、これらの生活行為は個々人ごとに本人なりの理由（背景、事情）において「個別性高い行為を行っている」と考えます。一般化や普遍化できるものではなく、支援者側からみると非効率な行為だったりします。その理由はADLの行為は「効率性」ではなく、本人にとっても「なぜか、そうしてしまう行為」であり、個別性ある「安心できる行為」です。わかりやすくいうと「自分流」である点です。一般的には「ルーティン」（routine：決まった日課・手順）とも呼びます。

ポイントは、自分流のやり方をすべて本人が自認しているわけではなく説明もつかないこともあるということです。家族のやり方や躾けられ方が残っている、自然に自分流で行うようになった、これが「一番ラクだから」というたぐいのものです。ほとんどは自分で身につけた「やり方」です。ただし自分流でないやり方をする（される）と「違和感」を抱き、「心地悪い嫌な行為」になるということです。

〈例〉
- **食事**：初めにお茶を飲む、寿司はかっぱ巻きから
- **入浴**：湯量はたっぷり、肩までつかる、左腕から洗う
- **排泄**：拭き取りは〇〇製のトイレット紙（2重ロール）

いずれもADLは「五感」に直接影響する行為なので、サポート行為（介護行為、医療行為）が「心地よい・悪い」がすぐに「本人の満足度」に結びつく点が重要です。

要介護中重度になると介護者にADLを「委ねること」になります。利用者の「自分流」のやり方（例：食事、排泄、入浴）が共有・尊重されないと、本人主体の「ケアの質」そのものを左右します。本人の「**暮らしの主観的幸福感**」に大きな影響を与えることになります。

もし自分流が介護者に無視されてしまったり、効率性や生産性の下で急かされる・軽視されると、本人の「自己肯定感の喪失」をまねき、介護者との信頼関係は切れてしまいます。

ADLのなかでも排泄・入浴などは「恥ずかしさ」への配慮がとても必要です。この羞恥心のレベルも「らしさ」に大きく影響します。

本人の「らしさ」が受容されないと、孤立感のなかでやがて不満やフラストレーションと怒りを増幅させ、望まない苦情・クレーム（ハラスメント状態）となります。

ADLと「自分流」～らしさ尊重の「意味」～

では「自分流」がケアとケアマネジメントにおいて尊重されることは、どのような意味を持つでしょうか。

ADLの「自分流」のやり方とは、長年の経験や工夫、癖や好み、価値観に基づいて身についた個別の「生活スタイル」です。尊重されることで「個人」としての尊厳が守られ、要介護となっても「本人らしい」あり方でいる（実感）に深く影響します。

1）自己決定と個性の尊重

- **自己決定の重要性**：自分流の「やり方」を尊重してくれるケアは、自分らしい生活を守ってくれていることと同義です。「個人が自分の人生の主導権を持つ（**自己決定権**）」という基本的な人権や尊厳に直結しています。
- **個性の表現**：「自分流」のやり方の尊重は、固有の個性や文化的背景、経験、躾けられた家族を介護者が尊重することになります。

2）尊厳と心の安心感

- **自分流を知ってもらっている安心感**：自分流の方法を大切にできる環境は、本人が自分を肯定的に捉え、安心して日常生活を送るための基盤となります。反対に、自分のやり方が無視・軽視されると、自分が価値のない存在、邪魔な存在と感じ孤立感を深めることになります。
- **対話と信頼の構築**：ヘルパーや周囲の人々が「対話」を通じて個別のニーズや生活習慣を理解し尊重することで、信頼関係が築かれます。これは、相手の存在を「個人」として尊重しているということです。

3）自己実現と主体的幸福感

- **自己実現と幸福感**：自分流のやり方を通じて自己実現を果たし、心地よい生活を送ることは、個人の幸福感に直結します。人としての尊厳は、自己実現の場を提供されることで高まります。

このように、「自分流」とは単なる日常の工夫以上に、個々人の内面や人生観、自己決定権の表現であり、それが尊重されることは、人としての尊厳を守り、個別性を認める関係で「主観的幸福感」が満たされることになります。

ADL実践編② CADLと「食べる」

CADL理論では「食べる」ことは、空腹を満たす（生理的欲求）だけでなく、食べることそのものが「楽しみ」であり、とても個別性があり、文化的な行為と考えます。食と食文化、アセスメントでは「好きな食べ物はなんですか？」は初対面の人とも話題にしやすい質問です。それはなぜでしょう？共通の話題にムリがなく、相手の出身やこだわり、文化性の理解に役立つからです。「食べる」の話題から「本人らしさ探し」を楽しく始めましょう。食とCADLについて考えます。

食べるを「CADL視点」で整理

ADL（日常生活動作）でも重要なのが「食べる」。実はこの行為には「本人らしさ」（CADL）が満載です。

1. なじんだ味・好きな味：日本には土地ならではの「**食文化**」があります。京都なら白味噌・うす味、名古屋なら赤味噌・赤だし、関東なら合せ味噌・カツオだしです。

2. 食と感情：食欲は基本欲求です。一方、食は感情と密接に結びついています。ストレス時に甘いものを食べる、特定の食べ物・食べ方で気分転換を図るなど。個人の精神状態や立場・性格が食の選択や食べ方に影響を与えます。

3. コミュニティ的役割：食事の場は家族や友人との交流の場であり、絆を深める機会です。行事（例：結婚式、葬式、祭りなど）ごとに文化的な意味合いがこもった特別な料理を食べることになります。

4. 料理で自己表現：食材・調理法にこだわりを持つ人はプロ・アマにかかわらず食に創造性や探求心を求めます。独自のレシピや時間をかけた調理・盛り付けを通じて個性を発揮します。

5. 社会格差と生活格差：高級食材や高級レストランでの食事は、社会的地位や富の象徴です。食材の質や量、食べる場所に影響し、社会的格差と生活格差が反映します。

6. 食のこだわり：地産地消や有機野菜、古き伝統食、食材の効能と栄養価、食物アレルギーと生活習慣病など、食への意識が健康観や食のこだわりに大きく影響する人がいます。

民俗学で「食べる」を整理する

本人らしさ（個性）が現われるのがとくに「食べる所作、好き・嫌い」と個人のこだわりがところどころに表れます。背景を民俗学の視点でひもときます。

1. 個人の経験と記憶：「食の好み」（嗜好）は、幼少期や家庭の食習慣に大きく影響されます。何歳になっても食べ物がかつての記憶や感覚・感情と結びついて、個性・こだわりとして表れます。

2. 多様な味覚感：甘味、酸味、辛味、苦味、旨味などの感じ方や好みは人それぞれ。味覚感（味わい）は文化的背景や食の体験から形成されます。

3. 食材と調理法：気候や食習慣で食材や調理法にも文化的特徴があり、家庭の料理法や味にも影響します。その代表格が正月の定番「お雑煮」。だしや味付け、具、餅の形や焼き方まで、各地・各家庭で異なるのがおもしろいところです。

4. マナーとエチケット：いわゆる食事作法。食器の扱い方や所作や態度（噛み方、汁物のすすり方）、「いただきます・ごちそうさま」といった礼儀にも地方色があります。

「食べる」ことの阻害要因

阻害要因が影響すると「食べない・食べられなく」なります。複雑な摂食行為（咀嚼と口腔と嚥下、体力と動作、味覚と認知機能）や個別性（好き・嫌い、こだわり）が深く関係しています。阻害要因を分析し、どのようなサポート（治療、介護、声かけ）があれば可能となるのかをシミュレーションします。

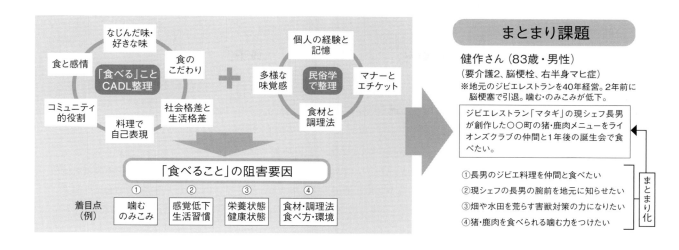

1. **噛む・のみこみ**：歯の欠損や義歯の不具合、歯周病、脳血管障害等により飲み込み反射や唾液の低下で噛めない・飲み込めないなどが想定されます。
2. **感覚低下・生活習慣**：味覚がわからない・おいしいと感じない、睡眠不足や運動不足、過度の飲酒による生活習慣の乱れは食欲の低下となります。
3. **栄養状態・健康状態**：偏食にともなう低栄養、疾患による筋肉量や筋力低下・身体機能の低下、さらに持病の症状や薬の副作用も影響します。
4. **食材・料理法・食べ方・環境**：嫌い・苦手な食材、苦手な料理方法（焼く、煮る、漬ける、あえる）や食べ方（順番、味つけ）、環境（什器、室温、行事）などは、出身県や生育歴、食習慣や金銭感覚などの「個別性と文化性」が阻害要因になります。

食の「まとまり課題」の プランニング・ポイント

「食」を楽しさの視点でプランニングします。栄養、好みの食材・味つけ・食べ方、記念日・集い、つながり、外出・参加など多様な要素をまとまり課題に盛り込めます。

① 好きな食べ物、思い出の食べ物
好きな食べ物・料理だけでなく、幼少期の忘れられない思い出の食べ物を質問フレーズで聴き取ります。
□子どもの頃、よく食べていたなつかしい食べ物はなんですか？

② こだわりの食べ方、思い出の食べ方
素材一つとっても食べ方はさまざま。玉子かけご飯も黄身だけ派、卵白まぜまぜ派があり、醤油のタイミングもいろいろ。タコなら酢の物、お刺身、やわらか煮、炊き込みご飯まで好みもさまざま。幼少期の家庭の食習慣も大きく影響しています。
□好きな○○をどのように料理して食べたいですか？

③ いつ、どの機会に食べたい？
食べる行為も日常の食べる料理と特別に食べる料理に分かれます。まとまり課題に盛り込むなら身内イベント（誕生日、記念日、結婚式）などにからめると、本人の意欲を引き出すことができます。
□お孫さんの誕生日にはいっしょに何が食べたいですか？

④ 誰と食べたい？ 誰に振る舞いたい？
食事は「誰と食べるか」でおいしさレベルも異なるもの。身内、友人・無二の親友、趣味仲間などを聴き取ります。料理自慢、グルメ派なら誰にどんな料理を振舞いたいかを聴き取ります。
□○○の料理をどの方々といっしょに食べたいですか？

⑤ どこ（場所、お店）で食べたい？
有名店やなじみの店、こだわりの店で食べたい人がいます。その店・場所とのナラティブ（物語）に着目します。
□どちらのお店で食べたいですか？

⑥ どうやれば実現するか？
阻害要因の改善・解決を本人の取組みや介護・医療、インフォーマル資源のサポートも未来形でシミュレーションします。
□いつ頃、どうすれば○○を食べることができるようになりますか？

「食べる」ことをCADL理論で整理すれば、やる気スイッチが見つかり、前向きなプランニングが可能です。

ADL実践編③ CADLと「移動」

CADL理論では「移動」という生活行為の、目的や行先に「楽しみ」を位置づければ、とても文化的な行為になると考えます。「移動」から本人らしさやその人の個性をどのように引き出せばよいでしょう。寝たきりでない限り、屋内や屋外は「歩行」という移動方法をとります。しかしふらつきや転倒のリスクがあると杖や歩行器、シルバーカー、さらにセニアカーや自動車を使うことになります。移動方法にも本人の「好み・こだわり」があることに着目することが大切です。

移動を「CADL視点」で整理

「移動」は、日常生活に欠かせない基本行動です。物理的な移動方法にも、社会的・文化的な影響や個性、本人のこだわりが深く影響します。

1.身体機能・構造等：ADLをベッド上で行わないためには必ず「屋内移動」が必要となります。主な場所は、排泄→トイレ、入浴→風呂場、食事→キッチン、憩い→居間、整容→洗面所などとなります。

2.生活機能・活動等：買物やゴミ出しは「距離」で手段は異なります。地元の店舗や商店街、コンビニやスーパーのいずれかはこだわりや生活スタイルの反映です。移動する様子も人目につきやすいので、どのように移動するかが、本人にとっては大きな問題であり、幸福度に影響を与えます。

3.楽しみ、参加：リアルに集まってこそ楽しみや交流も倍増するものです。趣味や楽しみの集い・通いの場への思いは移動の阻害要因克服の動機づけに効果的です。

4.旅行・観光：国内・海外の観光やレジャー目的の移動は乗り物ならバス・電車・自動車、客船・遊覧船、飛行機があります。乗り方や寄り道（途中下車）、イベントに楽しみを見出す人がいます。

5.スポーツ・イベント：移動そのものをスポーツにした「トレッキング、カーレース、マラソン、トライアスロン」からイベント（歩け歩け大会、祭り巡行等）参加まであります。いずれも見学・応援も動機づけになります。

6.冠婚葬祭：多くの冠婚葬祭ごとが「式場・斎場」（神社・お寺含む）になっています。介護タクシーなどを利用して移動が可能になれば、家族・身内が10数年ぶりに集まり、親睦を強める機会になります。

移動が「生活リスク」増大の要因

高齢者の「移動」困難は生活リスクを増大させる要因となります。

1.買物等：地方ではスーパー等への移動の多くが「自動車」であり「運転免許証返納＝買物難民化」のリスクが高まります。

2.病院・施設等：通院や通所利用のための送迎車や車いす、介助者の有無で利便性に差が生まれます。

3.災害時の移動：災害時における避難行動（屋内避難含む）は、地域の協力体制が大きく影響します。

移動から読み取る「本人らしさ」

「移動」から次のような「本人らしさ」（個性）が見出せます。

1.移動手段：移動には自由度の高い「歩行、自転車、自動車」と、運賃がかかる「電車、バス、船、飛行機」に分かれます。目的や行先、同行者や季節によって移動手段への「こだわり」（例：キャンプならRV車）があります。

2.移動ルート：どのルートをどのように行くか、はこだわりのひとつです。まち歩きから公園の遊歩道、ドライブなら海沿い・山道好きなど「本人らしさ」が出ます。

3.服装と持ち物：移動の目的と季節、手段によってさまざまです。普段着・軽装からスポーツウエアやアウトドア風服装までいろいろです。昭和風もあればニューモデルを着こなす人もいます。小物類（帽子、バッグ、靴・ブーツ）や補助道具（一本杖、ノルディック杖）などのデザインや色、質感にも本人のセンスと「オシャレ感」がでます。

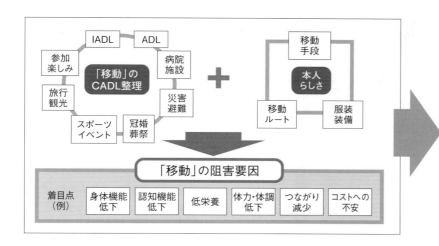

「移動」に影響する阻害要因

　移動の阻害要因は身体機能だけでなく、体力・体調、認知機能、個別性（目的、行先、つながり）と意欲が関係します。「移動できない・したがらない」原因を分析し、どのようなサポートがあれば可能かをシミュレーションします。

1. 身体機能・認知機能の低下：主な要因に筋力の低下、関節の障害、脳神経系の疾患、視力・視野の低下によるふらつきや転倒への不安、認知症からくる見当識障害などがあります。

2. 低栄養、体力・体調低下：低栄養や脱水、体調不良と体力低下により移動への意欲は低下します。

3. つながりの減少：「つながり」の減少（例：友人の入院・入所、死亡）で訪問先は減ります。集いの場・通いの場が閉じてしまうとひきこもりに拍車がかかります。

4. コストへの不安：生活資源（店舗、スーパー等）の過疎化が進み、移動コストは上昇。運転免許証返納後はタクシーやバスだが、コストが重い。金銭面で億劫になり、「出かけない」が「出かけられない」ことになります。

移動の「まとまり課題」のプランニング・ポイント

　「移動」はADL行為や家事だけでなく、趣味・楽しみ、つながり・出会い、イベントなどの要素を盛り込むことができます。質問フレーズで引き出します。

①どこに行きたいか？
　これまでに忘れられない場所・楽しかった場所、また訪れたい場所を「if クエスチョン」で聴き取ります。
□もし仮に○○ができるようになったらどちらに行かれたいですか？

②どのようにして行きたいか？
　移動手段は移動目的と行先によって異なりますが、移動手段から行先・目的地を聴き取るのもよいでしょう。
□○○温泉なら何で行きたいですか？
□観光バスなら、どこに行きたいですか？

③だれと行きたいか？
　移動も気楽な一人きりがよい人と誰かと一緒が良い人がいます。要介護なので複数のお出かけが前提です。ご一緒する人が動機づけになります。
□○○祭りに同行してくれるどなたと行きたいですか？
□同行してくれるお孫さんとどちらに行きたいですか？

④いつ頃、そこに行きたいか？
　お出かけは天候や季節が影響します。同行する人の都合もあるでしょう。なにより、準備には心身の機能改善や体調・体力の回復が大切です。
□いつ頃、○○へ行ってみたいですか？

⑤行って何をしたいか？
　行った先で「なにをしたいか？」を話題にして本人を動機づけます。
□○○ではどんなことをされたいですか？

⑥どうやれば実現するか？
　広がった願いやイメージはやる気スイッチです。阻害要因をどのように解決・改善するか、をいっしょに考えます。
□どうすれば○○に行くことができるか、一緒に相談しませんか？

　「移動」を、CADL視点で整理し、本人らしさとやる気スイッチが引き出せ前向きなプランニングをめざします。

ADL実践編④ CADLと「身なり・身だしなみ」

ADLの「整容」のなかで「身なり・身だしなみ」は大切な一部です。細かい動作がやりづらくなっても日頃の整容と外出時の「身なり・身だしなみ」にこだわりの本人らしさが表れます。整容・身だしなみができなくなると外出・参加の機会がグッと減ることになります。要介護となった今でなく、20代〜30代の写真の「身なり・身だしなみ」から、そもそもの人柄や価値観、傾向・好み、ライフスタイル、そしてその人がどの年代にどう輝いていたか、などに着目してみましょう。ポイントは「似合う・似合わない」ではなく、本人が「なにが好きか（着たいか）どうか」です。

服装の色柄とスタイル、コーディネート

身なり・身だしなみの基本は「服装の色柄とスタイル」、そしてコーディネートです。

- **服装の色柄・スタイル**：色と柄の好みには、シンプルで落ち着いた青・紫・黒系の無地を好む人と明るくカラフルな赤・オレンジ・黄色・ピンク系の柄ものを好む人がいます。スタイルはシャープな機能重視、体形に無理のないゆったり重視、フリルなどがついた華やか系までさまざまです。

服装の選び方も流行に敏感なタイプからクラシックスタイルに個性を取り入れる人、ブランド大好きなどの傾向から、金銭感覚、心理状態が反映されます。

- **コーディネート**：おしゃれの基本は色・柄、スタイル、アイテム（アクセサリー・小物類）の「バランス」です。TPOごとに、色使いと色合わせ、アイテムが大切。「若い、かわいい、元気風」も大切なワードです。

コーディネート：アクセサリー、小物、香水など

アクセサリーや小物、香水などには、買った思い出・贈られた記憶など、人間関係までも聴き取ることができます。

- **アクセサリーや小物**：アクセサリー（例：ブーケ、イヤリング、ネックレス）や小物（例：時計、バッグ、帽子）は、個性を強調するアイテムです。センスや大事にしている価値観や金銭感覚が垣間見えます。
- **香水**：香りは気分を大きく左右します。使用シーン（例：冠婚葬祭、パーティー）によって好みの香り（例：花系、爽やか系、官能系）にこだわりがあります。要介護になると「香り」は心が落ち着く大切なアイテムです。

髪型、ヘアカラーなど

髪型やヘアカラーからはその人のこだわりやライフスタイルだけでなく「こう見られたい」という心理（例：若い、元気、個性的）を読み取れます。

- **髪型**：女性の髪型には、ショートヘア（例：清潔感、機能的、強い意志）、ロングヘア（例：女性らしさ、優雅さ、自己表現）、ボブカット（例：自立心、自由な精神、エネルギッシュ）のように人柄が表れ、男性の髪型（例：七三分け、オールバック、ロン毛・短髪）では、かつての職場環境や立場、思想・スタンスが反映する例が多く見られます。自然体の髪型を好む人から、コストをかけて若々しさを保ちたい人、ウイッグで増毛したい人までいます。
- **ヘアカラー**：女性は20代からヘアカラー（黒、茶、ブロンドなど）を楽しむ習慣がありますが、高齢期になると男性も含め「白髪染め」をする人とシルバーヘアーのままでいる人に分かれます。

化粧、スキンケアなど

化粧やスキンケア（男性なら髭剃り）は、皺やたるみ、色素沈着など、高齢者の肌の変化をカバーする手段として有効です。外見の改善だけでなく、心理的な満足感や自己肯定感、社会的な交流の促進、肌の健康維持などの効果があります。

化粧やスキンケアは、自己肯定感を向上させポジティブな自己イメージの形成に役立ちます。

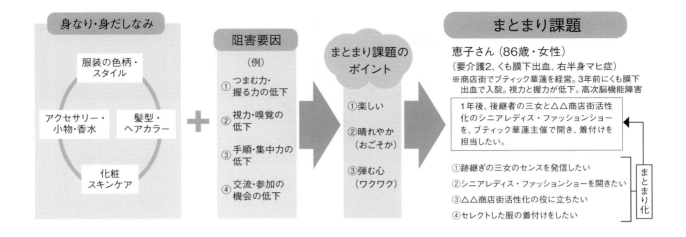

「身だしなみ」に影響する阻害要因

　「整容・身だしなみ」の阻害要因を分析し、どのようなサポート（治療、手伝い、道具）があれば可能かをシミュレーションします。

1．つまむ力・握る力の低下：化粧道具（例：リップ、マスカラ、ビューラー、ブラシ）は手先のつまむ力、ヘアケア道具（例：ブラシ・櫛、ドライヤー、髭剃り機）は握る力の低下が影響し、着衣・脱衣、ファスナーの上下やボタンの開閉には両方の低下とともに上肢・下肢の関節可動域の低下が阻害要因となります。

2．視力・嗅覚低下：細かい作業が求められるメイク、衣服や小物の鏡チェック、汚れ等の確認に視力の低下、香水などには嗅覚の低下が影響します。

3．手順・集中力低下：高次脳機能障害なら手順の混乱、集中力の低下がアイメイクの微細な動作に影響します。

4．交流・参加の機会の低下：「お出かけ」などの交流の機会が減ると、身だしなみへの意欲はかなり減退します。

整容・身だしなみの「まとまり課題」のプランニング・ポイント

　「整容・身だしなみ」の課題設定のポイントは「楽しい・晴れやか・心の弾み」です。質問でシミュレーションします。

①好きな「身だしなみ」の傾向は？

　身だしなみはTPOですが、それぞれの「傾向と好み」が表れ、まさに「本人らしさ」です。シンプルか機能的か、カジュアルかフォーマルか、スポーティかドレッシーかを質問フレーズで聴き取ります。

□もともと、どのような（傾向の）服装が好みですか？

②〇〇に行くなら、どんな服装で？

　外出先がレストランと日本料理店では、身だしなみはおのずと異なります。遊園地やピクニックなら軽装、スポーツ観戦なら応援ウエア、パーティーや式典・発表会ならフォーマルウエアなど目的や場所から「望む身だしなみ」を聴きます。

□〇〇（場所、集まり）にはどんな身だしなみで行かれたいですか？

③どなたと一緒に行きたいか？

　食事も身だしなみもなじみの人がいっしょだと楽しさ倍増。心身の機能が低下しているのでサポートの人も必要です。

□どなたと一緒に行かれたいですか？（行くと安心ですか？）

④どのようなお化粧をしたいですか？

　出かける目的や行先、顔ぶれと雰囲気（目的、時間、季節）、立場・立ち位置で女性の「化粧レベル」はかなり幅があります。行きたい場所ごとにやってみたい化粧を聴き取ります。

□〇〇に行くなら、どんなお化粧（おしゃれ）をされたいですか？

⑤どうやればできそうですか？

　身だしなみの話題から「成し遂げたいこと、行きたい場所、一緒に行きたい人」「どういう自分でありたいか」を整理し、阻害要因の改善のために、前向きな手立てをプランニングします。

□〇〇の身だしなみでお出かけするために〇〇をどのように改善しましょう？

　「身だしなみ」をCADL理論で整理し、やる気スイッチを見つけ、前向きなプランニングを試みましょう。

ADL実践編⑤　CADLと「入浴」

ADLの「入浴」は高温多湿の日本に暮らすうえで大切な生活習慣です。入浴は生命行為である「清潔さの保持」だけでなく、快適行為であるリラクゼーション効果も期待されます。高齢者の多くは温浴効果もあるのでお風呂好きは多いですが、一方で入浴を嫌がる人もいます。浴室の構造や疾患・障がいのために入浴できない人もいます。

ADL支援で大切なのが「入浴」。訪問介護での入浴介助、通所介護での入浴加算、重度の人の訪問入浴など、「入浴」はとても大切な支援です。CADL理論において入浴は文化的要素の高い活動（行為）と位置づけます。

入浴を好む4つの要因と効果

日本人が「入浴（風呂）」を好むのは、歴史的背景、文化的意味、心理的・身体的メリット、社会参加の「4つの要因」が深く関わっています。

- **歴史的背景**：日本は火山国で天然温泉が豊富のため、かつて貴族や僧侶が湯治（温泉療法）を行い、江戸時代には「銭湯」が普及しました。
- **文化的意味**：風呂は一日の切り替えであり、仕事終わり＝風呂が伝統的な生活習慣となってきました。日本は高温多湿の気候なので汗をかきやすい。豊富な水資源を沸かして「風呂」に入ることは清潔だけでなく洗浄（体を清める、穢れを落とす）と同義ととらえられてきました。
- **心理的・身体的メリット**：副交感神経が促進されリラックス効果が高い。冷え性の改善や美肌効果、持病・難病の快癒などの期待もある。農繁期後に温泉場で疲れた体を癒す「湯治」は長く続く習慣の1つです。
- **社会参加**：銭湯や温泉が象徴的なように「風呂場」は「ハダカの関係」になって親しく交流できる場所です。初対面でも同じ湯につかれば会話も弾む社交場でもあり「**風呂文化**」が広まりました。

入浴（風呂）における「本人らしさ（自分流）」

入浴（風呂）はとてもプライベートでリラックスできる時間だからこそ「本人らしさ（自分流）」も表れやすいのが特徴です。心地よさが直接伝わるからこそ、本人らしさ（自分流）を軽視・無視されると「とても嫌な時間」になるリスクがあります。

- **湯温と入浴時間**：湯温の好みは個人差が大きい。高齢者でシャッキとする熱湯（42℃以上）を好む人もいれば、ぬる湯（38〜40℃）でゆっくりリラックスしたいタイプの人がいます。

長風呂派はじっくり浸かっていることを楽しみ、短時間派は効率重視・気分転換が目的のタイプといわれます。いずれも「本人らしい入浴スタイル」です。

- **風呂の環境づくり**：風呂場のくつろぎをどう演出するか、は大切なこだわりです。音楽を流し、アロマの香りで全身を包むことに凝ったり、本やスマホ、防水タイプのテレビを持ち込んでゆっくり読む・見る人がいます。わざと間接照明にする、観葉植物で飾るなどの自然派の人もいます。
- **泉質と効能と肌感**：湯船にレモンなどを浮かべる、入浴剤で湯質を工夫することにこだわる人もいます。温泉入浴剤で泉質や効能にこだわる人は持病持ちで健康志向が強いといえます。肌感にこだわる人の中にはひなびた温泉や秘湯が好きな傾向の人もいます。とくに皮膚トラブルなどを抱える人は敏感です。
- **入浴ルーティン**：入浴前後に数分のストレッチをしたり、湯船の浸かり方も半身浴や交互浴にこだわったり、洗身の順番（例：頭から vs 体から、左腕から・左足から）が決まっていたりします。

洗う道具も「手の平、タオル、手ぬぐい、ナイロンタオル、ブラシ、タワシ」までさまざまです。洗い流しも湯水で十分な人から、シャワーヘッドにこだわり水圧に強弱をつける人までいます。

すべてこれらがルーティン（自分流）になっています。

- **風呂上りの楽しみ方**：女性ならスキンケアやボディケア・

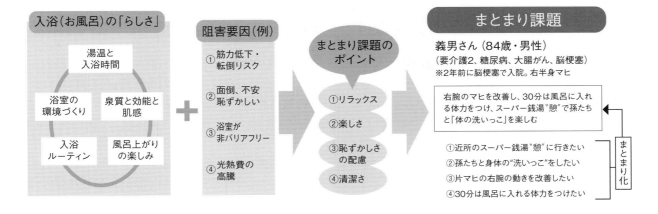

ヘアケア、男性なら銭湯の脱衣所でのおなじみのドリンク（例：牛乳、炭酸水）を飲むなど。ヘアケアのドライヤーの操作は腕の筋力が求められます。

「入浴」に影響する阻害要因

「入浴ができない・入浴を嫌がる」阻害要因を分析し、どのようなサポート（治療、声がけ、見守り、道具）があれば可能か。どのようなかかわり方なら動機づけられるかをシミュレーションします。

- **身体的要因**：立ち上がりがむずかしい（関節痛、筋力低下）と転倒のリスクが高くなります。温度変化にも弱いと心臓や脳に負担がかかりヒートショックの危険も高くなります。
- **心理的要因**：脱衣・着衣の面倒さに始まり、洗い場での転倒、浴槽の出入りの危険と溺れる不安、体形や手術痕・肌トラブルを見られる拒否感、潔癖症から他人と同じ湯を拒否、通所介護での異性による入浴介助の恥ずかしさなどから入浴拒否の気持ちが高くなります。
- **環境・社会的要因**：環境的要因として、自宅の浴室の段差や滑りやすい床、浴槽の縁が高い、脱衣所が寒い、洗い場が狭くて入浴介助しにくいなどがあります。ストーマ装着や手術痕のため温泉やスパの大浴場が使えない人もいます。
- **経済的要因**：光熱費（電気・ガス料金）や銭湯代が高いために入浴を控えるという事情もあります。

入浴の「まとまり課題」のプランニング・ポイント

「入浴」のまとまり課題の設定のポイントは「リラックス、楽しさ、恥ずかしさへの配慮、清潔さ」です。ただし自宅入浴と自宅外入浴（例：通所介護、銭湯、温泉、スパ）ではサポートする内容も異なるので、課題設定も変わります。質問でシミュレーションします。

①入浴のこだわりを教えてください？

入浴時間にどのようなこだわりを持っているか。聴き取りは、「湯船派とシャワー派、長風呂派と短時間派、サウナ好き・嫌い」などから始め、浴室環境や洗い方などのこだわりを丁寧に聴き取ります。

☐お風呂にはどのようなこだわりをお持ちですか？
☐通所介護（入浴介助）ではどのようなことを特に希望されますか？

②どちらにお出かけされたいですか？

入浴していないと不安なのは「身なり」です。きれいで清潔な体になったらどちらに出かけたいか。この流れで社会参加やつながり、身なりにかかわる話題につなげ、入浴への動機づけにするのもよいでしょう。

☐どちらにお出かけされたいですか？

③どこの温泉（スパ）に行きたいですか？

温泉旅行やスパ入浴体験は家族との楽しい思い出作りになります。「どこの温泉に？」の質問から温泉・スパに関わるエピソードを聴き取ります。

☐どちらの温泉（スパ）に行ってみたいと思われますか？

④どなたと一緒に行きたいですか？

温泉（スパ）はみんなで行くと楽しみも倍増します。また一緒に行く人が「誰か」（家族、友人、身内、ご近所など）で、可能性はグッと広がります。

☐○○に行くなら、どなたと一緒に入りたいですか？

⑤どうやれば湯船につかれそうですか？

自宅内と自宅外で可能性を考えます。温泉（スパ）なら同行する介助者や温泉（スパ）のバリアフリーレベルが影響します。阻害要因を整理し、改善のための前向きな手立てをプランニングします。

☐お風呂にゆったりと入れるために、どのようなお手伝いがあればいいですか？

CADLワード⑥ 「自分ガイド」（私のトリセツ）

　ＣＡＤＬ理論では、利用者自らが「本人らしさ」あふれる個人情報（知っておいてもらいたい個人情報）を支援者に「提供する」ことを提唱します。提供する個人情報の名称を「自分ガイド」と称し、親しみやすい表現として「私のトリセツ（取扱説明書）」と考えてもよいでしょう。

　本人にとって心地よい関わり方（例：話し方）や支援の方法を表記した「取り扱い説明書」として活用されることを想定します。

　まさに「らしさ」を尊重した個別性に合ったケアを実現するために欠かせないツールといえます。

■自分ガイドの「内容」

　「自分ガイド」は、アセスメントで行われるＡＤＬやＩＡＤＬ、健康状態や意思疎通レベルといった身体機能及び生活機能の側面ではなく、「心地よい生活様式と文化的な日常生活活動及び行為」が想定されます。

・**生活習慣**：起床・就寝・昼寝時間、食事（例：好き嫌い、好みの食器、食べ方、食事時のテレビ・音楽）、入浴（例：湯温、洗う順序、好みの入浴剤など）、日中の過ごし方（例：ペットの世話、掃除、散歩、買物）
・**価値観**：人生の行動基準・判断基準（例：礼儀、感謝、努力、自由、挑戦、奉仕、貢献、健康、信心、信頼）
・**行動パターン**：ストレス対処法、困り事の対処法
・**過去の経験**：成功体験、達成体験、失敗体験、克服体験、しくじり体験、幸福体験、挑戦体験など
・**人間関係**：家族・友人の範囲とつきあい方（例：電話、ＬＩＮＥ、おしゃべり、旅行、イベント）、地域社会との関わり方（例：町内会、地元サークル、地元行事など）
・**楽しみ**：心地よい過ごし方、好きなＴＶ番組・会話
・**趣味**：教養系（例：俳句、書道、読書）、創作系（例：作陶、短歌、料理）、運動系（例：テニス、ゴルフ、ダンス、スキー）、応援系（例：サポーター）、ゲーム系（例：将棋、囲碁、麻雀、パチンコ）
・**会話**：例）方言（関西弁）、敬語（丁寧語）、親しい会話、タメ口会話

　これらの要素は「今やっている」だけではなく、「かつてやっていた」、「やってみたかった」、これから「やってみたい」など、愛着を持った視点で「**自分アラカルト**」を一覧化します。

CADLワード⑦ 「ファミリーヒストリー」と「ライフヒストリー」

　ＣＡＤＬ理論において、本人の「生育歴・家族歴」と「自分史」の理解を進める上で次の２つの視点を重視します。
・ファミリーヒストリー（家族がつくった私）
・ライフヒストリー（私がつくったワタシ）」

■ファミリーヒストリー（家族がつくった私）

　ＣＡＤＬ理論における「ファミリーヒストリー」とは「家族のなかでつくられた私」を理解するキーワードです。個人の価値観や生活習慣、行動様式は、主に家族という環境（幼少期を過ごした環境含む）の下で形成されます。育った家族の生活習慣（食習慣、身なり、金銭感覚含む）や行動様式、コミュニケーションの取り方（方言、話し方含む）、他者との距離感の取り方などが本人の「日常行動（当たり前の行動様式）」となります。人間関係や仕事上の問題が起こった時の対処や人生の選択、行動に影響を与えることもあります。

■ライフヒストリー（私がつくったワタシ）

　ライフヒストリーは、家族の影響を受けつつも、個人が主体的に選択し、築いてきた（歩んできた）「人生の軌跡」を指します。どのような人間関係・友人関係を選び、どのような学歴と職業を選び、どのような趣味・楽しみに夢中になり価値観を形成してきたのか、に着目します。

　ＣＡＤＬ理論では、これらの二つの視点を統合し、本人の「今（現在）」を多角的に捉えることを重視します。家族から受け継いだ影響（ファミリーヒストリー）と、自らの選択や経験によって形づくられた人生（ライフヒストリー）を理解することで、本人の価値観や望み・欲求、強みと弱み、人生の課題と問題、葛藤や怒り、羞恥心や悲しみ、肯定感と自己否定感などを把握できます。

　ＣＡＤＬ理論ではライフヒストリーは「常に作られ続けるもの」であり、人生の「**意味づけ作業**」（ライフレビュー）で深まるものと捉えます。

IADL 実践編

IADL の「らしさ」
〜プランニング〜

IADL実践編① IADMの「らしさ」

IADLの「らしさ」には、家族や育った地元、職場での「らしさ」が大いに影響を受けます。IADLにも「得意・不得意、好き・嫌い」があり、スキルにもレベルがあります。嫌いだけど上手、好きだけど下手な人もいます。料理を作るのは苦手でも盛り付けが得意という人もいます。IADLの「らしさ」探しから育った家族や地域の情報を引き出すことが可能です。IADLは自分のためより「誰かのため」ならがんばりたい・がんばれる人がいます。

IADLの「らしさ」は取り組み方に表れる

IADL（Instrumental Activities of Daily Living）とは「手段的日常生活行為」です。複雑でより高次な認知・知覚機能と巧緻な身体機能が求められる日常生活動作（行為）です。おもに「買物、料理、掃除（片付け）、洗濯、金銭管理、電話の応対、交通機関利用」などとされています。

CADL理論においては、IADLにおける「本人らしさ（自分、私）」や「個人の個別性」は、その「遂行能力」（できる、できない）で評価するのではなく、それぞれの手段的日常生活行為を「意味ある」ものとして「どのように取り組んでいるか（取り組みたいか）」（意味づけ）という点に着目します。

IADLを2つの視点で整理をします。

【日常の好み・こだわり】
- **買物の目的と場所、方法**：買物でも目的によって場所は異なります。日常生活用品でも「食材・食料品」なら地元商店街か大型スーパーマーケット、「衛生用品」なら薬局かドラッグストア、ホームセンター、「衣服」なら地元服飾店かブランドショップになります。
- **調理方法や食材の選択**：料理を単に栄養を摂るだけでなく、食材選びから料理法（例：焼く、煮る）の好み、料理のスタイル、家庭で身についた伝統が反映されます。
- **洗濯方法や洗剤等の選択**：衣類ごとに洗濯方法（例：洗濯機、手洗い、つけ置き）と干し方が異なり、本人好みの洗剤にも本人らしさが反映します。

【室内装飾・金銭管理のこだわり】
- **室内装飾（住環境）の整え方**：屋内空間ごと（居間、寝室、書斎、仏間、台所、洗面所、トイレ）のレイアウトとインテリア（家具、テーブル、ラグ、ソファ、イス）、飾り付け（カーテン、棚、植木鉢・花鉢、照明）などに個性や居心地の良さを追求するセンスが反映されます。
- **金銭管理の方法**：お金の管理の方法（家計簿、支出・貯蓄の管理、通帳類の保管方法）には、金銭感覚や価値観や将来設計が表れます。

IADLの個別性は「得意・不得意、好き・嫌い」～脱「男らしさ」「女らしさ」～

ADLの生命行為に「得意・不得意、好き・嫌い」という基準がないのは、どれも「生きるために必要な行為」だからです。しかしIADLのどれも「自分でやらなくてもよい＝他人に頼める行為」です。幼少期ならほとんどが「親の役割」として行われます。しかし成人期になり独身生活になると「行わねばならない生活行為」となり、そのときに「好き・嫌い、得意・不得意」を認識することになります。結婚生活で妻にIADLを押しつけてきた夫が「家事力のない男」とは限りません。

IADLでありがちなのが「男らしさ・女らしさ」から生じる思い込みです。これが本人理解と本人らしさを歪めてしまうことになります。
- IADLは「女（妻・母）の役割」である
- 女性だからIADLをするのは「好き・得意」のはずだ
- 男性だからIADLは「嫌い・不得意」だ

実は「料理は好きだけど掃除は嫌い（苦手）」のように、IADLには「バラつきがある」ことも大きな特徴です。

親から学ぶ以外に家事を学ぶ機会はほとんどないために、その方法は家庭で身についたやり方（見よう見まね）か我流・自己流のやり方になります。結果、「家事力」のレベルが介護生活に大きく影響することとなります。

IADLと「らしさ」〜らしさ軽視の「リスク」〜

CADL理論では、IADLは「個別性高い行為（本人らしさ）」として位置づけ、その行為の背景には本人が育った（影響を受けた）「生活文化」が深く影響していると考えます。親から教わったIADL（例：地元料理の仕込みや味つけ）も、その地元独特の食文化の影響を受けており、その仕上がり（食材、味つけ、盛り付け、什器）に「こだわり」が大きく影響しています。そのうえ「うちの家では○○だった」（例：雑煮の餅の形）というように微妙にこだわりが異なることもあります。

また自分なりの工夫（自己流・我流）の料理方法や買物へのこだわり（店舗、商品の価格・質・陳列）、屋内・室内の飾りつけなど、どれも「本人らしさ」につながる性質のものです。

この「本人らしさ（自己流・我流含む）」を「わがままだ、手間がかかる、効率的でない」と無視・軽視されると本人は自分の文化性・好みだけでなく家族や地元の生活文化まで否定されたと受けとめ、肯定感が低下することになります。「決めさせてくれない」（自己決定権の侵害）、「意見を受けとめてくれない」（承認欲求の侵害）となり、フラストレーションとストレスがたまることになります。

IADLと「らしさ」〜らしさ尊重の「価値」〜

では、IADLの「本人らしさ」がケアとケアマネジメントにおいて尊重されることは、どのような意味を持つでしょうか。

ADLは主に一人で行う動作が多く、周囲にわからないように行いたい（恥ずかしさの感情が伴う行為）が特徴です。一方、IADLは自分だけで行うだけでなく「集団で行う」（参加・所属）、自分のためではなく「誰かのために行う」（役割・奉仕）ことにより他者の幸福に貢献し、感謝と評価（褒められる）を得ることができます。

具体的には次の3つの「価値」を得ることができます。

1）自律性と主体性の向上

- **意思決定の促進と尊重**：心身の機能低下が進むとIADLの生活行為に支障が始まり、行うことへの不安や躊躇が生まれ、支援に頼ることになります。その際も「どのようにやるか（買物、料理、掃除）」について「本人流のやり方・仕上がり方」を対話や仮の動作、写真などで把握し、「望む暮らし」を尊重することを重視します。

- **生活参加による生活リハビリ**：CADL理論では「生活の主体は本人自身」と位置づけます。本人らしさは「これまでの生活」にヒントがあります。料理・掃除・洗濯などの生活行為は「多様な身体動作」に支えられています。生活行為そのものが「生活リハビリ」となるような取組みをCADL理論では重視します。

2）心理的・情緒的な充足感（主観的幸福感）

- **自己肯定感の向上**：自分の人生で身につけてきたIADLの生活行為・生活文化、そしてライフスタイルが尊重されることで個人に備わる文化的資質（家族習慣、地元文化）についての「承認欲求」が満たされます。そして本人は「自分らしい暮らしを続けていいんだ」と肯定感を持て、心理的な安定と充足感（主観的幸福感）を得ることができます。

- **社会的つながりと孤独感の軽減**：本人の望む暮らしをこれまでのつながり（インフォーマル資源）から情報収集することで、「あらたなつながり」が生まれ、やがて社会的孤立や孤独感の緩和・軽減に役立つことになります。

3）生活の質（QOL）の向上と貢献感（役割感）

- **生活の質（QOL）の向上と貢献感**：「自分らしさ」がIADL支援でも尊重されると、心身の機能回復や生活習慣の改善にも意欲的になり、生活の質の向上が図られます。また他者に行うIADLでは集団のなかでの役割分担（貢献）は感謝と評価を得ることが可能となります。

- **アイデンティティの維持**：文化性の高いIADLを自認することで「生まれ育った家族・地域」へのアイデンティティ（家族愛、地元愛、県民気質の受容）により伝統的な食文化や長年培ってきた生活習慣や祭事の習慣を維持・継続するモチベーションを養うことができます。一連の生活行為が本人（自分）らしい生活に「意味づけ」を行い、かつアイデンティティが保たれます。

IADL実践編② CADLと「料理」

CADL理論では「料理」は、私たちの健康を支える大切な生活行為です。でもそれに加えて、「楽しみ」を位置づけることで、とても文化的な行為と社会参加を動機づける行為になります。「料理」に本人らしさやその人の個性を位置づければ、料理をキーワードにモチベーションアップを図ることができます。「料理」が好きな人の特徴とその人の「本人らしさ」、そしてその人の個性を浮かび上がらせます。

料理は「素材選び、事前仕込み」から「料理の手順」、「食べ物の盛り付け」までとても複雑な手順を踏みます。同じ料理でも地方や家によってかなりの「違い」があります。家庭料理から地域の人が集う祭事の時の仕出し料理、友人たちを招いた時のパーティーの時の料理まで、料理には育った・身についた文化性、さらに料理にかかわる教養の量と質なども反映します。

料理が好きな人の資質

「料理」は人が集う（社会的行為）でもあり、また自分を表現する行為です。そして料理を作るプロセスで多くの人ともかかわることもあり、なによりも「おいしい食が楽しさを演出してくれる」文化的な要素を持っています。

料理が好きな人には次のような特徴があります。

1. 創造性が高く探求心も旺盛：新しいレシピを試したり、アレンジを加えたりするのが好きで、色味や盛り付けにこだわり、見た目の美しさを意識します。世界各国の料理に興味を持ち、新しい食材や調理法を試す、料理の歴史や文化について学ぶことを楽しみます。

2. 食へのこだわりが強く、味覚・嗅覚が敏感：料理の味付けや香りの違いに敏感で、微妙な変化にも気づけます。調味料やスパイスの組み合わせを考えるのも得意で知識も豊富です。素材の質や鮮度にこだわり、外食では料理の味やバランスを分析してしまうことが癖の人がいます。

3. 計画性があり手先が器用：包丁さばきや盛り付けが上手で、細かい作業を苦にしない。パンやお菓子作りなど、精密な作業にも挑戦し、片付け好きなのも特長です。

4. 人に喜んでもらうのが好き：家族や友人に料理をふるまって「おいしい！」と言われるのが嬉しくて、もっと頑張ろうと思う人です。みんなに食べてもらうのが好きな人です。

5. 忍耐力・向上心がある：失敗してもめげることなく何度も挑戦する、スキルを磨くためにレシピ本や動画を研究する勤勉さを持ち合わせています。

料理から読み取る「本人らしさ」

では「料理」にはどのような「本人らしさ」（個性）を見出せるでしょう。

1. 味にこだわりオリジナル料理も好き：家庭の味や地元の味にこだわり、「**自分基準**」のある人です。

2. 料理には「思いと思い出」がある：料理には小さい頃によく食べた（家庭料理）、外食でよく食べた料理、国内・海外旅行で食べた（例：中華料理、タイ料理、イタリア料理）など、料理ひとつにたくさんの思い出が湧いてきます。

3. 熱量が高く食材からこだわる：オーガニック、地産地消、発酵食品など、自分の価値観に合った食材や季節の食材を活かし自然の恵みを楽しむ。塩や味噌のように特定の食材を愛用します。

3. 食べるシーンや盛り付けにこだわる：料理に合う音楽をかけたり、テーブルコーディネートを工夫したりする。照明や香りにこだわり、五感で楽しむ食卓を作ります。お酒やドリンクとのペアリングを考え、食事の時間を特別なものにするという「**本人のオシャレ感**」がでます。

「料理」に影響する阻害要因

料理の阻害要因は身体機能だけでなく、体力・体調、認知機能、個別性（作りたい料理とレシピ、料理環境）が

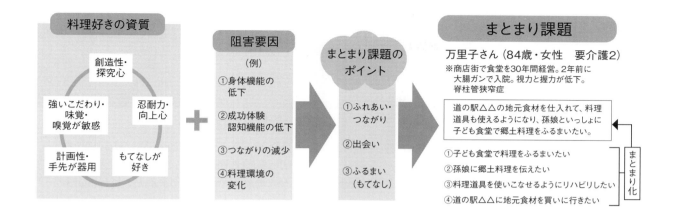

意欲に関係します。

1. 身体機能の低下：加齢により立位やかがむ姿勢、視力と集中力が必要な細かい調理作業が難しくなる。関節炎や手の震えなど、手先の動きの低下が影響する。視力が低下し食材を切る、火加減を見るなどの作業が困難になる。

2. 過去の成功体験と認知機能の低下：これまでの料理体験から「失敗したら恥ずかしい」がストレスとなり料理することを控える。味覚・嗅覚の低下で味覚が感じにくい（味覚障害）くなると料理の楽しさが減る。認知機能の低下で手順の混乱が進む。

3. つながりの減少：「つながり」の減少で集まる場も減り、「料理を振舞う」機会が減る

4. 料理環境の変化：使い慣れた調理器具や設備が整わない・使えないと、身体になじんだ料理がしにくくなる。

料理の「まとまり課題」のプランニング・ポイント

「料理」は高齢になると手順が面倒になり、総菜やレトルト食品、宅配弁当サービスに済ますことになりがちです。とくに単身になると「食べやすいもの」が多くなり、偏食から低栄養になるリスクが高まります。

CADL理論では、料理を家事や健康維持だけでなく、文化的行為（オリジナルメニューの新レシピ、地元料理の復活）とともに、人とのふれあい・つながり・出会い、ふるまい・もてなしなどの要素をまとまり課題に盛り込むことで「**楽しい社会参加の行為**」にすることで本人は動機づけられると考えます。

質問フレーズのやりとりでシミュレーションします。

①**どのような料理を作ってみたいか？**

料理の好き・嫌い、得意・苦手の話題から、これまでどのような料理をどのような機会に作ることが多かったか、それができなくなった阻害要因を聴き取ります。仮定質問でどのような料理なら作ってみたいか、を話題にしましょう。

□もし仮りに○○ができるようになったら、どのような料理を作ってみたいですか？

②**どのような思いがあるのか？**

料理にはかならず思い出やエピソードがあります。作って喜ばれた・ほめられた、○○では苦労した（例：食材、仕込み、味つけ）などを聴き取ります。

□その料理には、どのような思い出がありますか？

③**どなたに食べてもらいたいか？**

料理好きの多くは「誰かに食べてもらう」ことに主観的幸福感が高まります。子ども好きならば子ども食堂のボランティアを提案する、家族なら時期や顔ぶれを話題にしましょう。

□○○の料理を作ったらどなたに食べてもらいたいですか？

④**とくにこだわりたいことはなんですか？**

料理でこだわりたいこと。食材・調理料・仕込み、什器・場所、顔ぶれ・アメニティ、時期・イベントなどを話題にしましょう。

□○○の料理でとくにこだわりたいことは何ですか？

⑤**どなたに手伝ってもらいたいですか？**

阻害要因がそのままではケアプランは「絵に描いた餅」になります。阻害要因の解決を長期・短期目標を設定します。その中の1つが「協力者」。家族や介護サービスだけではなく、地域のインフォーマル資源に広げると思わぬ解決策が見えてくるでしょう。

□○○の料理を作るならどなたに手伝ってもらいたいですか？

IADL実践編③ CADLと「買物」

CADL理論では「買物」は日常生活では必須の暮らしの行為。買物も「何を買うか」「どこで買うか」「なぜ買うのか」でADLに直結する必須のモノ(例：トイレットペーパー、シャンプー、下着)もあれば、他のIADLの行為を補完するモノ(例：食材、調味料、洗剤)、さらにCADLを深める・楽しむための行為(例：毛糸、釣り具)もあります。「買物」はADL・IADLにともなうとても文化的な行為(CADL)です。

買物とは「消費行動」です。それを支えるのが日本人独特の「消費文化」と個別性の高い「消費意識」です。食材や日用品・衣料品などの生活必需品以外には、日本人は季節や行事に関連した毎年のイベント消費(正月、ひな祭り、お盆、お中元・お歳暮、クリスマス)があり、人生の記念日消費では「誕生日、成人式、結婚式」などがあります。その際、自分消費から贈り物消費(贈答品)まで幅広くあります。また趣味・娯楽ではコレクション消費(限定品、記念グッズ、フィギュアなど)があります。CADL理論では「買物」を動機づけとしての「やる気スイッチ」と位置づけます。

買物を「CADL視点」で整理

「買物」はすべてに伴う生活必須行為です。人(店)とかかわること(社会的行為)であり、探す・選ぶ・決めること(認知行動)です。また自分を表現すること(文化的行為)ともいえます。CADL理論では買物行動における主観的幸福感を次のように整理します。

1. 品質・機能とブランド信仰： 商品の「品質と機能」に高い評価基準を持ち、使いやすい・長持ちする・細部までのこだわりを求めます。また長年の実績と評判の老舗やブランドを信頼する特長があります。

2. 世間の評価と流行が影響： 自分の好みよりも「他人(周囲)の目(評価)」を意識した消費行動をとります。ほしいものより「ふさわしいもの」(TPO)が基準で、口コミ重視は「失敗しない・したくない」意識があるからです。その意味で「流行・ブーム」に敏感でトレンドの影響を受けやすい(同調圧力に弱い)のも特徴です。

3.「お得感」を求める消費意識：「お得感」に敏感な人はポイントカードやクーポンの利用率が高く、少しでも安いバーゲンやセール(年末年始、ボーナス商戦)などの情報収集に熱心なのも特長です。「福袋」のようなワクワク感と割引お得感のある商品を好みます。

4. 環境・社会意識が高い： 地球環境問題を意識した消費行動をする人たちで、価格が比較的高めな「エコ商品、フェアトレード商品」に注目します。リサイクル意識とシェアリング意識も高く、「所有」から「共有」の消費行動(例：カーシェア)をとる人たちです。循環型のリサイクル商品(例：古着、中古品)も好みます。

5. ECサイトとデジタル化： 専門店やスーパーに行って実物を吟味して買物する流れでなく、ECサイト内のデジタルショッピングです。価格も比較サイトで比べ、レビューと評価点で購入を決める層が増えています。

買物から読み取る「本人らしさ」

では「買物」にはどのような「本人らしさ」(個性)を見出せるでしょう。主観的幸福感から整理します。

1. 選ぶ商品・ブランド： 特定のブランドや職人技にこだわり、品質やデザイン重視(ブランド派)から、トレンド重視(流行や話題の商品を積極的に取り入れる)、実用性重視(機能性やコスパを最優先する)、サステナブル(環境や社会に配慮したフェアトレード、オーガニック、リサイクル品など)の人がいます。

2. 買い物のスタイル： 口コミやレビューを徹底的に調べあげる(じっくり比較派)、ひらめきや気分で即決する(直感・衝動買い派)、事前にリストを作り計画的に買い物する(リスト派)、掘り出し物やレアアイテムが好き(探求心

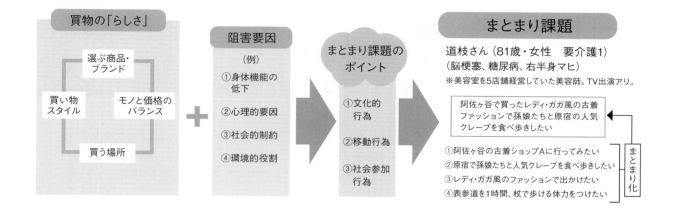

旺盛なハンター派）までいろいろです。

3．**買う場所**：買う場所は商品次第ですが、リアル店舗、ローカル＆個人商店、大手チェーン＆ショッピングモール、オンラインショッピングの4つがあります。

4．**品質と価格のこだわり**：価格の吟味にも「本人らしさ」がでます。良いものを長く使いたいタイプは高価格はOK。価格と品質のバランス重視な合理的な買い物の人、クーポンやポイント、タイムセールを活用し、「お得な買物」にこだわることも「本人らしさ」です。

「買物」に影響する阻害要因

買物の阻害要因は身体機能以外に体力・体調、認知機能、個別性（モノ、場所、店舗、誰に・誰と、移動など）が意欲に関係します。阻害要因を整理し、どのようなサポートがあれば可能なのかをシミュレーションします。

1．**身体機能の低下**：下肢筋力の低下や視力・聴力の低下で転倒不安や信号が渡れ、外出が難しくなる、認知機能の衰えで迷子になる・同じもの買ってしまうなど。また価格が見えなくて選べない・支払いができない、商品が重くて持ち帰れない、などがあります。

2．**心理的な要因**：先々の介護費用や生活費の不安から支出に罪悪感を感じる（強い節約志向）、衝動買いや無駄遣いを気にしすぎて慎重になりすぎる。

3．**社会的・環境的制約**：同行してくれる家族や介助者がいない、交通手段がない、歩道橋・信号が渡れない、店舗が遠いなどの原因で買物に行くことを控えがちになります。

買物の「まとまり課題」のプランニング・ポイント

CADL理論では、買物を家事の範囲だけでなく、文化的行為（例：趣味の道具類、おしゃれのための衣服・小物，）とともに、移動行為（例：自動車の購入）、社会参加行為（例：チケット、ユニフォーム、グッズ）などの要素をまとまり課題に盛り込むことで本人は動機づけられます。

①どんな買物ならワクワクするか？

倹約が好きで買物に興味のない人でも、ワクワクするモノや買いたい場所（専門店含む）は必ずあります。
これまでの買物歴（例：衣服、宝石類、家具、小物）、とエピソード、阻害要因を聴き取ります。ifクエスチョンでどのようなモノなら買物したいかを話題にしましょう。

□もし仮に〇〇ができるようになったら、どのようなモノを買ってみたいですか？

②どのような思い出があるのか？

買物には自分、家族や友人との思い出やエピソードがあります。買ったお店や値段、うれしかった・後悔した、お金の貯め方、喜ばれたことなどを聴き取ります。

□その買物には、どのような思い出がありますか？

③どこで買物をしたいのか？

こだわる人にとって大切なのは「どこで買うか」。国内・海外、老舗店・ブランド店、有名店・コンビニ店などを聴き取ります。

□〇〇ならどこで買物されたいですか？

④だれと買物したいのか？

一人ショッピングが好きな人でも要介護となっては同行者がいるかいないかで活動範囲は変わります。

□〇〇の買物は誰と行きたい（手伝ってもらいたい）ですか？

IADL実践編④ CADLと「室内装飾（デザイン）」

要介護の状態になると屋内・室内で過ごす自分時間は圧倒的に長くなり、「人生の時間」そのものになります。寝たきりになれば「居室」は「生活空間」になり、視野に入るのは居室の壁や家具、ドア・襖、カーテン、棚類、窓からの景色が中心になります。CADLの視点から、室内装飾は本人の好みや世界観、趣味などが統一された「心地よい空間づくり」になることが理想です。本人といっしょにデザインしましょう。

部屋の飾りつけや家具のコーディネート、壁の装飾などは「視界のデザイン」です。これらは本人の価値観やこだわり、生活歴、人生経験、趣味や性格と深く結びついています。伝統重視か現代風重視か、機能性か過度な装飾風か、それともシンプルな自然派か。そのこだわりが室内の装飾（デザイン）に大きく影響を与えます。

室内装飾（デザイン）を「CADL視点」で整理

「室内装飾（デザイン）」は、日常の「心地よい視界・体感」に直接影響します。CADL理論では、単なる掃除や整理整頓ととらえるのでなく、本人の文化性や個性の「表現行為（手段）」と位置づけます。

1．和風と今風の調和：室内装飾は和風の要素（畳、障子、掛け軸、和紙など）と今風の要素（インテリア、テレビ・音響機器、絵画・ポスター、タペストリーなど）のバランスに始まり、本人の美意識や趣味性、個性、思い出（記念日含む）に着目します。

2．効率的or非効率的：過度な装飾を避け「狭い空間を効率的に使う工夫（収納）派」から、小物や置き物、キャラクターに囲まれた「まったりした非効率空間派」を好む人がいます。

3．落ち着きと心地よさ：五感にやさしく、落ち着きと心地よさ、自然との調和を大切にする（わびさびの精神）。空間に凝ることも「らしさ」です。

4．内なるマイワールドの表現：室内装飾を「何に囲まれていたいか（小物・置き物・絵画など）」を見える化した表現ととらえます。さらに音楽や香り（お香）、照明により「内なるワールド」を装飾する人もいます。居室はまさに本人の「らしさ」あふれる世界です。

室内装飾（デザイン）から読み取る「本人らしさ」

では「室内装飾（デザイン）」にはどのような「本人らしさ」（個性）を見出せるでしょう。

1．自分好みの空間：流行に左右されず、自分が「良い」と思うデザインを追求します。自分だけの「特別な室内・屋内空間」を作ることにこだわりの情熱を注ぎます。

2．細かいディテールにこだわり：照明の色や明るさ、家具の質感など、細部のディテールに気を配ります。家具や小物の細かい仕様や質感までこだわり、配置にまで「完璧なバランス」を求めます。中古品もDIYやリメイクで楽しみ、オリジナルのアイテムを作ることも多い。

3．モノへの愛着・執着：家具や小物に思い入れがあり、簡単に手放さずモノ持ちタイプ。衝動買いはせず、長く大切に使うタイプなので、モノへの愛着と執着は深い。

室内装飾（デザイン）の「生活リスク」

居心地のよい室内装飾も要介護となった高齢者にとって「生活のリスク」は増大します。デザイン性を優先した結果、安全性や利便性が損なわれるケースがあります。

1．転倒・つまづき：家具の配置が複雑で室内が狭く、足元が暗い。敷物がめくれ転倒・つまづきやすい。

2．衛生・環境面：換気が悪く空気がこもりやすい。夏は熱中症、冬は低体温症のリスクが高い。家具や小物、置物に囲まれ緊急時の発見が遅れる。

3．災害時の避難：地震時の家具・置物の転倒、ガラス製品の破損、高い場所からの落下のリスクが高い。避難動線がモノで塞がれ閉じ込められるリスクがある。

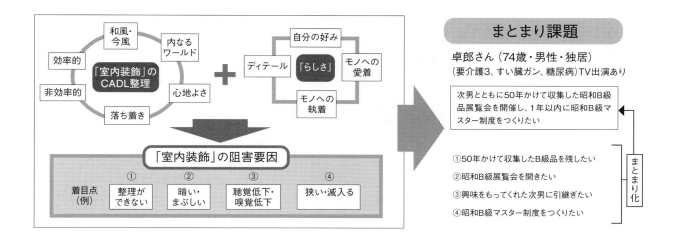

「室内装飾（デザイン）」に影響する阻害要因

　室内装飾（デザイン）ができなくなる阻害要因は身体機能低下だけでなく、知覚・認知機能、心理面、経済面が関係します。

1．身体機能・認知機能の低下：細かいディテールが気になっても直せない。間接照明が暗すぎる、白色光が強すぎる、眩しすぎる。聴力低下で室内音楽が楽しめない。

2．ストレスと家計：捨てられない・整理できないためにモノがあふれ心が滅入る・落ち着かない。派手な色のインテリアで目が疲れる。収入減と貯金減で家事清掃サービスの利用を控えるしかない。

3．生活動線が狭い：室内が家具とモノであふれ生活動線が狭い。広い空間を確保することで自由度が増し、くつろげる時間をつくることができる。

室内装飾の「まとまり課題」のプランニング・ポイント

　高齢者にとって「室内装飾」を掃除・整理整頓という機能性のみで支援するのでなく、本人のこだわり・デザイン志向を尊重し、「楽しさ、懐かしさ、わくわく感、エネルギッシュ、心地よさの要素」を盛り込むことで「主観的幸福感に充たされた人生空間（生活空間）」が可能になります。高齢者の室内装飾は安全性や快適性を確保し、心理的な幸福感や楽しさを感じられる工夫をシミュレーションします。

①どんな「室内・屋内・庭・ベランダ」が心地いいか？

　これまでにどのように室内・屋内・庭・ベランダの装飾をしてきたのか。憧れの室内・屋内・庭・ベランダはどのような装飾（例：京風床の間、北欧インテリア、ヨーロッパアンティーク家具）なのか？写真やリビングのソファ、テーブル、置き物などから話を引き出します。

□もし仮に○○ができるようになったら、家の中をどのように飾り付けされたいですか？

②どのように自分の部屋（居室）がなればいいか？

　本人が暮らす居室は「マイ・ワールド」です。どのような部屋になれば落ち着くか、楽しいか、ワクワクするかをいっしょに考えます。

□もし仮に○○ができるようになったら、お部屋の中をどのように飾り付けされたいですか？

③どの「こだわり」をとくに尊重してもらいたいか？

　掃除や整理整頓が意向やデザイン性を無視した雑な作業だと、こだわりのディテールが壊され、本人の「心地悪い状態」がずっと続くことになります。

　「こだわり」を聴き取り、写真・イラストに記録し、「**完成形のディテール**」を共有します。

□とくにこだわってもらいたい室内装飾はどれですか？
□自分で手をかけたい室内装飾はどこですか？

④だれに手伝ってもらいたいか？

　訪問介護の生活援助等で主観的幸福感を満たすには限界があります。保険外の家事代行サービス、専門店の出張サービス（例：観葉植物のレンタル）、便利屋などのインフォーマル資源の活用もいっしょに考えましょう。

□○○の飾りつけはどの業者さんがよいでしょう？

⑤誰を招きたいか？

　屋内・室内の掃除・整理整頓の動機づけの1つが「○○さんを招く」ということです。散らかっていると恥ずかしいというネガティブ感情をバネに、誰に自分の趣味や好みの小物・置物を見てもらいたいか、その室内空間をいっしょに過ごしたいかを聴き取ってみましょう。

□○○になったお部屋（おうち、お庭）にどなたを招きたいと望まれますか？

IADL実践編⑤ CADLと「コミュニケーション」

「コミュニケーション」をCADL理論ではとくに重視するのは「本人らしさ」を相手に伝える・周囲に発信するための「大切な手段」だからです。コミュニケーションとは「意思疎通・意思共有」する行為です。言語と非言語の２種類があり、かつては対面中心でしたが、ICT機器類の進化で「方法」も格段に便利になっています。話す・聞く行為が不自由でも、動作・行為や文字・創作物を通して周囲とのコミュニケーションを図るときのキーワードがCADLです。意思疎通が可能となり、意欲は維持されます。

ADLやIADLではわずかのやりとりでも済みますが、CADL（例：趣味・楽しみ、つながり・出会い、役割・貢献、学び・習いなど）では豊かなコミュニケーションをする機会が増えます。話す・聞く行為が不自由でも、動作・行為や創作を通して周囲とのコミュニケーションへの意欲は維持されます。コミュニケーションの方法も使いこなすツール類も「人それぞれで好みもそれぞれ」。CADL理論ではどれも可能性として尊重します。

コミュニケーションを「CADL視点」で整理

日本人はコミュニケーションに特有の文化性と集団性を持ちこみ、厳密な主張・意見より「文脈・空気」を読み取ったやりとりを習慣とします。直接的な表現を控え、「場の調和」を大切にする傾向があります。

1. **文脈・察知・忖度**：個々の指摘や意味より「全体の文脈」を読み取り、相手が言語化しない・できない「意思・意図」を察知し、反応も気配り・配慮した抽象的で曖昧なリアクションで返すことを善とします。
2. **話し方と距離感**：話し方は相手との距離感（例：家族、親友、友人・同僚、上司・部下、初対面）によって変えます。距離感・関係性によってタメ口（家族、親友）、なれなれしい話し方（友人・同僚）、敬語（上司、初対面）、命令口調（部下、後輩）を使い分けます。
3. **語彙と方言**：相手によって私たちは微妙に語彙を変えます。同世代あるある言葉、地元・家族ならではのあるある言葉、仕事関係の業界言葉などを使い分けます。地方出身者なら「方言」などでアピールします。
4. **建前と本音**：公式な場では「立場・役割」を優先した「礼儀正しい建前言葉」、プライベートな場や親しい間柄では、「くだけた本音言葉」を使い分けます。
5. **ウチとソト**：日本人の言葉は「身内向け（ウチ）」と「外向け（ソト）」では同じ内容でも異なります。メンバーシップ型のコミュニケーションスタイルをとります。

コミュニケーションから読み取る「本人らしさ」

コミュニケーションからわかる「本人らしさ」（個性）はとても具体的で、知識・教養から性格・価値観、生活歴・職業歴・学歴など、さまざまな影響を受けることになります。

1. **好きな話題・得意な話題**：話題にも「話している自体が幸せ」な話題（例：趣味、こだわり）から「自慢したい・格好をつけたい」話題（例：成功体験、リベンジ体験）、「興味を惹きつける」話題（例：トピック、豆知識、流行、噂）まで。その人のタイプを見分けます。
2. **話し方（スタイル、テンポ、方言）**：スタイル（ストレート・遠回し、積極的・受け身的、共感的、論理的・感情的、フレンドリー・礼儀正しい）に特徴があらわれ、話すテンポ（ゆっくり・せっかち、抑揚・淡々）や言葉の活舌、方言（例：関西弁）などにも個性が表れます。
3. **聞き方（態度、質問、着眼点）**：聞き方も個性です。聞き上手（うなづき・相づち、目線・姿勢）な人、自分の興味関心で質問する人、話したくなる問いかけをする人、話しは苦手でも聞くことは好きな人までさまざまです。
4. **書き方（手紙、ハガキ、ICT）**：文字のやりとりでは、手紙・ハガキが好きな人もいれば、ICTコミュニケーション（e-mail、SNS）なら活発にやれる人もいます。
5. **ボディランゲージ（表情・手振り・身振り・ジェスチャー）**：リアクションは個性です。感情あらわな表情、手振り・身振り、ジェスチャーなども個性が表れます

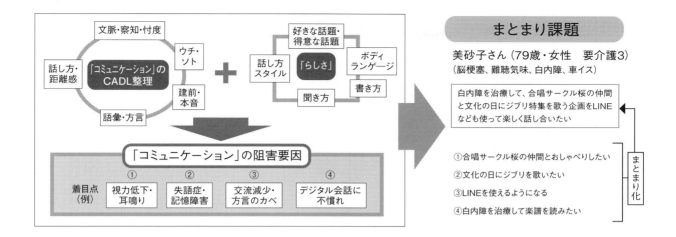

「コミュニケーション」に影響する阻害要因

　コミュニケーションの阻害要因は個人的要因、環境的要因、心理的要因、レベルの変化と機器類の進化が関係します。どのようなサポートや手段の変更があれば可能になるのか、シミュレーションします。

1.個人的要因：視力低下・難聴（耳鳴り含む）、高次脳機能障害や認知症などによる記憶障害や失語症、見当識障害などでやりとりする意欲が減退。

2.環境的要因：コミュニケーション機会の減少（例：配偶者・友人等の死去や入院・入所、ひきこもり）や言葉の文化の違い（例：方言が使えない）、引越し・入所による人間関係の変化（例：知り合いがいない）など。

3.心理的要因：失認（失顔症）や見当識障害（場所、時間が混乱）などからストレス（例：不安、怒り、焦り、落ち込み、恥ずかしさ）でやりとりするモチベーションが低下。

4.レベルの変化と機器類の進化：会話のテンポの変化、聞こえのレベル低下、デジタル機器に不慣れなために、コミュニケーションが面倒・億劫。

コミュニケーションの「まとまり課題」の プランニング・ポイント

　CADL理論では、要介護高齢者と意思疎通という機能面だけでなく、**意思決定支援**（形成・決定・表明・実現）の側面からも着目します。そのためには本人らしさとこだわりを尊重し、「楽しい・盛り上がる・話が広がる」話題を雑談や会話・対話でやりとりする方法である「コミュニケーション・ケア」手法を採用します。「主観的幸福感に充たされた会話空間」を可能にします。

①好きな話題・盛り上がる話題はなにか？

　好きな話題・盛り上がる話題になると話すスピードが早くなり勢いづきます。活舌もよく、声も力強くなり、表情も明るくなります。

　食事や入浴、散歩、料理、買物から室内装飾、CADLの話題から「好きな盛り上がる話題」を見つけます。

□どのような話題だと話していて楽しいですか？

②どのようなコミュニケーション手法ならよいか？

　コミュニケーションにも対面・対話から電話・スマホ、手紙・ハガキ、e-mailまでさまざまです。顔が見たい、声だけでいい、文字は読み返せていい、など対象別・メリット別に好みのコミュニケーションを聴き取ります。

□ご家族とはどのようなコミュニケーションをとりたいですか？
□友人の○○さんとはどのようなやりとりをされたいですか？

③誰とならコミュニケーションをとりやすいか？

　コミュニケーションの取りやすさは相手ごとに微妙に違います。子どもより甥姪、小中高の友人より大学時代の友人、職場の同僚など「話しやすい・盛り上がる相手」を聴き取ります。

□○○の話題ならどのお友達の方と盛り上がりたいですか？

④どのような環境ならコミュニケーションをとりやすいか？

　コミュニケーションは「環境（場所、時期、テーマ）」によって話題のテーマも集まる顔ぶれも違います。話題には「ふさわしい場所」があります。その聴き取りを通して本人のモチベーションを動機づけます。

□○○の話題で盛り上がるなら、どんな顔ぶれのみなさんとどこでいつ頃、集まりたいですか？

CADLワード ⑧　ライフレビュー（人生の振り返りと評価）

「ライフレビュー」とは、自分の人生の経験や出来事を振り返り、それらを再評価するプロセスを指します。CADL理論においては、過去の経験から得られた感情、価値観、意味などを再認識（**意味づけ**）し、「これから」をより豊かにするための手がかりとします。

ライフレビューでは、過去の成功体験や達成感、喜びや感動といった「ポジティブ感情」を呼び起こすことで、自己肯定感を高める効果が期待できます。また、過去の困難な経験や挫折を振り返り、乗り越えてきた自身の強さや回復力（レジリエンス）を再認識することで、現在の課題への対処能力を高めることにもつながります。

また、ライフレビューは、過去の経験から得られた「**教訓、価値観、信条**」などを、現在とこれからの生活に活かすことを重視します。

ライフレビューの作業は、本人のペース（体調、心理・精神状態）に合わせて進めます。過去の経験の語りは、感情的な負担を伴うので、本人の気持ちに寄り添い、丁寧に話を傾聴する技術が求められます。

ライフレビューを通して、過去に「できたこと」「楽しかったこと」だけでなく、「できなかったこと・途中でやめたこと」「苦しかったこと」も含めて思い出すことで、これからの生活（人生）への意欲を高め、新たな活動への挑戦（再チャレンジ）を後押しする力となります。

ライフレビューとはいえ、個人の経験や記憶がすぐに呼び覚まされるわけではありません。どのような人生を歩んできたのか、を1人で記憶を呼び覚ます作業は非効率的な場合もあります。CADL理論におけるライフレビューでは、本人自身がひとりでは思い出せないこともあることを認識し、支援者が本人の人生の「個別性」を尊重し、さまざまな対話スタイル（非言語的コミュニケーション含む）と時間をかけたアプローチをすることにより、本人が過去を振り返るサポートを行います。

CADLワード ⑨　「コミュニケーション・ケア」

CADL理論では、「らしさ」があふれる本人のCADLを「コミュニケーション」手法（話す、書く、読む、動く：身振り）を活用して意思疎通を図ることも「ケア手法」であると位置づけます。それを「コミュニケーション・ケア」と呼びます。本人が要介護5の寝たきり状態になっても、かつて夢中になったCADL（例：編み物、野菜づくり、お祭り見学、野球観戦、競馬など）の思い出やエピソード、興味関心や失敗談・成功談の話題をコミュニケーションする行為そのものが本人の「**心のケア**」となる手法として位置づけます。

■介護・治療は「身体中心」のエビデンス重視で限界あり

これまでの介護技術は要介護状態となった本人の生活行為を対象に、身体介護では「4大介護」（移動・移乗、食事、排泄、入浴）が行われ、医療では「身体的及び心理的不調」の診断後に、患者の身体の部分・全体（全身）を対象にした「治療」（看護、リハビリテーション含む）が行われてきました。

いずれの技術も根拠（エビデンス）を重視し、客観的な「アセスメント記録」と「診断・治療のデータ」に基づき行われてきました。

■コミュニケーション・ケアの「原則」と3つの手法

コミュニケーション・ケアは「個別性、個性」を「本人の語り」から導き出すだけでなく、本人の内面の「心地よさ、自己肯定感」に着目し、動機づけることにあります。

コミュニケーション・ケアの原則は「**会話（対話、おしゃべり、雑談）**」です。一方的な問いかけと傾聴という行為ではなく、本人との「**豊かなやりとり**」を原則とします。

それを実現するためには3つの手法があります。

第1が「**雑談技術**」です。本人が楽しい・得意だという話題を「広げ・深掘り」をします。また他の話題と共通性を見つけて「関連づける」ことも行います。

第2が広げる・深掘りするための「**質問技術**」です。「問いかけ」ることで相手の脳は「考える」作業を始めます。「気づき」が起こり連鎖記憶が刺激されます。

第3が「**演技風に話す技術**」です。話題の人物ごとに口調や話し方を真似てみるだけでやり取りが立体的になります。認知症の人とのやり取りにも効果的です。感情労働である相談技術にも十分に実践的に応用できます。

資料編

CADLの見える化

～「まち歩き」で"発見!"
「地域支え合いマップ」に記録～

資料編

CADLを「見える化」
～まち歩きと地域支え合いマップ～

CADLを支える身近な資源は「地域」にあります。その主な社会資源が「インフォーマル資源」たちです。私たちの暮らしの営みを支える人たちや店舗・建物、本人の「つながり」すべてが「CADLの担い手（候補含む）」です。その担い手は利用者の自宅にいるだけでは見つかりません。じかに「まち歩き」をして、目と耳と肌でまちを体感するところから始めます。そして、体感情報とつながり情報を地域支え合いマップに「見える化」します。

まち歩きで「心のケア資源」を見つける

まち歩きの目的は「利用者視点の体験」です。自動車の窓からまちをじかに体感することはできません。日常的に通る道や利用する店舗や施設を歩く速度で「まち歩き」することで、本人の「心の支え」となる社会資源が体感できます。

1. 移動（散歩）：歩くことで道の状況（例：広い・狭い、段差、勾配）から周囲の景色（例：公園、ビル群、水田、畑、山林）が目に入ります。なじみの小学校や中学校、公民館、神社・お寺・地蔵、交差点・信号、看板、さらに空き家などを目で確認します。

まち歩きで把握するのは「距離」だけではありません。歩く「順路（**まちなか動線**）」、移動のリスク（つまづき、転倒など）も予測します。

2. 買物：日ごろの暮らしを支えるスーパー、ホームセンターやコンビニ、商店街などは買物の「強い味方」です。なじみのお店まで本人のペースで歩いてみると「移動の困難さ」が体感できます。

3. 楽しみ：お楽しみの場所（例：趣味の会場、公民館、カラオケ、○○教室・集い、パチンコ、市民会館・ホール）をまち歩きで「見ておくだけ」で話題がとても具体的になり、信頼関係を深めることになります。

4. つながり：まち歩きの目的は「支え手（候補）探し」です。「近くの○○さん」が「6軒先の○○さん」「30m先の赤い屋根の○○さん」と具体的になります。

つながりは身内・友人、仲間、知り合い、なじみのお店など、「**ゆるい関係**」から広げます。

まち歩きの3つの原則

CADL理論ではインフォーマル資源の発見・育成は「本人目線」で支え手に直接関わっていく「**アプローチ型（まち歩き）**」とめざします。

顔ぶれは、日常生活エリアの「多彩な顔ぶれ」（例：身内資源、近所・地縁資源、友人・仲間資源、生活資源）で構成されます。これらのインフォーマル資源から「支え手」の役割を担う人や店などを探し・育てる視点が「主観的幸福感」支援で役に立ちます。

勘所は次の3つです。

1. こまめにキョロキョロ：まち歩きしながら、小まめに立ち止まり、「キョロキョロ」することです。「探す」というより本人の目の高さ（例：しゃがむ、背伸びする、台に乗る）になって周囲を「眺める」スタンスがよい。

2. 心がけは魅力発見：心がけは「**まちの魅力発見**」です。家並み・まち並み、道路の街路樹や目につく庭の樹々や花、ステキな店舗や興味を引く看板、水田の稲や畑の野菜、川の流れ、町工場の音や商店街のにおいなどを「地域支え合いマップ」に記録しましょう。記録として写真に納めるのもアリです。

3. ナラティブ（物語）をイメージ：空き店舗や空き家、老舗の店舗やオープンしたばかりの店舗、古びた歩道橋や看板などから「ナラティブ（物語）」を自分なりにイメージを浮かべることが「共感」につながり、利用者との「距離感」を縮めることになります。

〈まち歩きの準備〉

・準備①白地図：住宅地図や国土地理院、グーグルマップからダウンロードした地図に「白い紙」を載せ、上からマ

ジックでトレース（地図をなぞる）します。
※検索して白地図をダウンロードできますが情報量が多すぎるデメリットがあるので注意しましょう。

・準備②付箋：ノートに直接書くと書き直しが手間なので付箋がおススメです。目印や目立つ建物・交差点・商店・スーパー、道路・危険場所などを色別に記入して白地図に貼ります。

・準備③：**デジタルカメラ、ボイスレコーダー**：ビジュアルな記録は写真がベストです。イラストも可。声で記録に残しAIで文字起こしするのも効率的です。

支え合いマップで「見える化」

まち歩きで発見したインフォーマル資源を2次元で見える化するのが「支え合いマップ」です。ドローン視点（鳥の目）で「人物、生活施設、店舗・看板、病院・医院・薬局、なじみの場所、集いの場・通いの場、道路、危険場所」をマッピングします。

CADL資源には「趣味・学び系、エンタメ系、農業・園芸系」などがあり、本人との話題のなかから聴き取れた「モチベーションアップする資源」をマッピングします。

地域支え合いマップ

- **建物**：地名、名称、距離、大きさ、印象
- **なじみの場所・店舗・看板**：店名・名称、種類、規模
- **危険箇所**：河川、ため池、側溝、橋、ガードレールなど
- **地域の人**：名前、場所、関係、印象、会話内容
- **道路・交差点**：名称、道幅、交通量、勾配、信号・横断歩道の有無、踏切

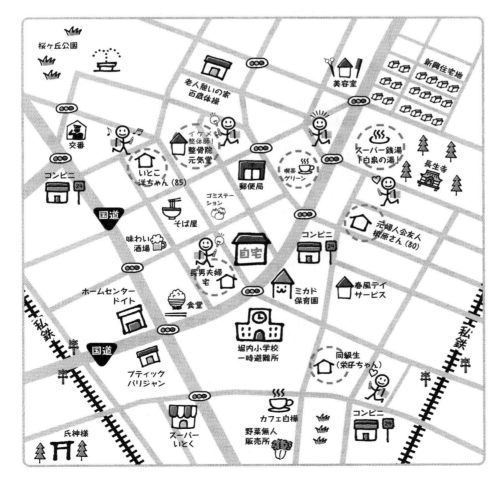

※出典（2025年3月刊行）「地域支え合いマップ」を活用したケアプランづくり〜インフォーマル資源な社会資源で利用者の『いきいき』を引き出す〜」
高室成幸著　奥田亜由子協力（第一法規）
第4章
実践！地域支え合いマップの「つくり方」（P107）より

あとがき

●「文化的営み」が「本人らしさ」を支える

私が「CADL理論（以下、CADL）」の深い学びと出会ったのは、covid-19が世界を覆い、生活が一変した2020年のことでした。ロックダウンにより、日常の「当たり前」が失われる中で、改めて「文化的な営み」がどれほど大切かを痛感しました。そして、それはケアの一部ではなく、誰もが持つ「本人らしさ」を支える重要な要素であることを実感しました。その後、利用者との対話や支援の中で、常にCADLを意識するようになりました。

ある特別養護老人ホームでのエピソードを2つ紹介します。ご本人は捕鯨船に料理人として乗船した頃の思い出が大切な宝物です。船の名前は「第4大漁丸（仮名）」。ご家族は、「（認知症で）忘れていると思っていました。思い出してくれて嬉しい」と話され、すぐに当時の写真を持ってきてくれました。この話を通じて家族の思い出が蘇りました。漁から帰ってくるのは1年に1度。その日は、必ずお寿司を握ってくれて、妻はお寿司の美味しさと、無事に帰宅できた嬉しさで泣きながら食べたとのこと。この話から、思い出のお寿司を握ってもらって、家族に食べさせたいということが「意向」になりました。

猫が大好きな利用者。実は、大好きなのは、「猫」ではなく、20年間子供のように可愛がってきた「まる」だったとわかり、ケアプランに「まる」を入れました。壁の写真も、いろんな「猫」からいろんな表情の「まる」に変更。家族とのテレビ電話では「まる」も一緒。素敵な「目標」は、面会制限解除後に、「まる」と面会する、になりました。壁に手を伸ばし「まる」の写真を取る仕草から、いつでも手に取って見られるよう枕元に置くようにしました。「まる」と家族との時間を、日常生活に組み込むことが、大きな心の支えになることを感じさせてくれました。

いずれも、CADLにおける「どう生きるか」を支えるための要素である「固有の名」「ヒストリー」などに着目することで、本人らしい支援につながったエピソードです。

ADL、IADLはもちろん重要です。が、それだけではQOLを十分に高めることはできません。仕事や趣味、家族やペットとの時間といった様々な「本人らしさ」が、QOLを高めるための本質的な要素となるのです。

CADLによるアプローチでは、人生観や価値観を尊重したケアが必要となります。介助やサポートを提供するだけではなく、本人らしい生き方を実現するために必要なことは何かなど、きめ細かな配慮にも気づかされます。いま、日本では、外国人と共に働く時代になりました。ケア現場でも異なる国や地域の文化を受け入れ、共に成長することが求められます。同時に、日本で学んだケアを、自国で活かす時代になります。しかし、文化や宗教観が異なる中で、日本のケアをそのまま適用することは難しく、自国の文化を基盤にしたケアが求められます。CADLは、こうした異文化理解を踏まえた「本人らしさ」を大切にしたケアを実現する大きな可能性を秘めていると感じます。

一人ひとりを尊重した支援や生き方を実践するためには、「本人らしさ」は欠かせません。本書を手に取られた皆さんが、ご自身の大切にしたい「らしさ」は何か、探してみてはいかがでしょうか。CADLが、いかに尊く、利用者目線の考え方であるか気付いていただけると思います。

最後に、高室先生が、大切に育ててこられた「CADL理論」が、多くの方に届き、広く活用され、新たな価値をもたらすものとなることを心より願っています。

CADL普及推進委員会　綿貫　哲

●「らしさ」が言語化されケアプランになる

高室先生が長年提唱されてきたCADL理論が、ようやく1冊の冊子という形になったことで新しいケア「CADLとらしさ～本人支援の新しい視座～」がスタートしたことを実感しています。初めて高室先生から、その考えをお聞きした時に、ICF：国際生活機能分類を2002年以降にケアマネジメントに導入された時の現場の混乱を思い出しました。新しい理論・枠組みが現場に入ってくる時は、往々にして抵抗があるものです。高室先生は、すごいことに手をつけられたのだと驚いたことを思い出します。今では、ICFを全く知らないケアマネジャーはいないのではないかと思います。

ICFは、健康状態、心身機能構造、活動、参加、背景因子である環境と個人因子などの分類に追われ、利用者全体像を立体的に把握し、それぞれの相互作用とつながりに目を向け、課題分析に活用することは簡単ではありません。

年齢・性別及び身長や疾患、身体機能、要介護が同じであっても本人の暮らしや人生は全く別物です。支援者の目線から考えるとこのような身体機能の方には、こんな介護が必要、こういう疾患で進行がこの程度なら、こういう看護や介護が望ましいなど、想定することはあります。

しかし、本人が自分自身の状況をどのように理解し、リスクを受け入れ、また、何をどのようにして暮らしたいのかは、千差万別です。ご本人の本当に望むこと、意思決定支援の難しさを日々感じています。

そういう葛藤の中、高室先生のCADL理論は、ICFの特に活動、参加、環境因子、個人因子における個別性の高い、ご本人の「らしさ」に着目し、本人の人生を肯定的にとらえる枠組みを作ることができると感じました。利用者に関心を寄せるまたとない理論ではないかと考えます。ソーシャルワークの世界では、強みとかストレングスを支援に生かしていこうとしますが、これが「らしさ」の中に含まれることにもなりそうです。「らしさ」は全てがプラス面ではないかもしれませんが、本人らしさという文化的な背景を持った個別性があり、生活歴を共に振り返ることでさまざまな体験や暮らしを重ねてきたことがわかり、潜在化していたものが顕在化してくることがあります。特別養護老人ホームでのICFの実践の中でこのCADLを取り入れた所、要介護度が高く、施設で生活しているにも関わらず、「らしさ」が見事に引き出され、担当ケアワーカーとの信頼関係のもと、写真や映像、マップやイラストなどでご本人の「らしさ」が表れ、その言語化がケアプランになっていくことをケアマネジャーとともに体感することができました。ご本人の笑顔になる瞬間を知っており、何をすると楽しいのか、人生の語りに耳を傾け、離れている家族と専門職チームで「らしさ」を共有できる素晴らしさは、本人を中心としたケアの始まりになります。

この1冊から、共にCADL理論を実践していくきっかけになれば幸いです。

CADL普及推進委員会　奥田亜由子

●「生きること・逝くこと」もCADL

2023年10月末、私は急性骨髄性白血病と診断されました。以来、合計4回の抗がん剤治療を行いました。残念ながら再発を繰り返し、本年1月から在宅療養となり、今日を迎えています。

白血病当事者となる前の私は、要介護となった個人の「"らしさ"ある生き方」をいかに支援していくか、がCADLのテーマでした。しかし、当事者となりがん末期となった今は、いかに「"らしさ"ある逝き方」をどう支援するか、もCADLの大切なテーマである、に変わりました。

昨年末、「やれる治療はもうないです」と言われたその時、一瞬は落ち込みました。しかし、日本の医療技術を恨む気持ちはさらさらも湧きませんでした。むしろ治療のおかげで約1年半、生きている事実に心から感謝しました。

私は自分なりの人生の「意味づけ」を考えなおしました。「白血病を治療する私」から「白血病とともに生きる私」になればいいと素直な気持ちになれました。

そうなれたのもCADL理論の力だと考えます。

医療技術で痛みやだるさ、むくみ、痺れは緩和されます。しかし心の不全感まで治療はできません。食事介助や排泄介助、入浴介助は「とても助かる」のですが、幸福感とまではいえません。

私はCADL理論のおかげで高いレベルの「主観的幸福感」を感じる日々を送ることができています。懐かしい友人たちと再会すること、このCADLハンドブック第1集を完成させること。これらが「らしく逝きる」こと、そのものです。

これからのCADL理論はどのように進化していけばよいか。CADL理論がめざすのは「個人」の全人的理解と支援にもとづいた「主観的幸福感」の実現です。介護や医療のサポートが十分ではなくなっても、本人が自らの「多面的な"らしさ"」を意識し、やがてくる「その時」のために、主観的幸福感に満たされる環境や条件をあらかじめデザインしておくことが社会的合意になることです。

加齢と疾患・障害は進行するのに、「できる」ようになることだけに注力することは歪んだ能力主義であり「自力主義」です。心身機能と生活機能をサポートするのが介護・医療の役割ですが、制度の制約と技術の限界があります。「できない」自分とどう向き合い・つき合っていくか。それは「本人」です。

では「心の支援」を担えるのは誰なのか？

それは人生のさまざまな場面で「つながってきた人」たち（インフォーマル資源）、つまり「心の玉手箱」の住人たちです。そして、これから新しく「つながる人たち」です。

つまり、誰もが誰かの「支え手」なのです。

CADL理論がCADL領域だけの進化ではなく、ADLやIADL、心身の治療・療養を担う専門的支援に深く定着・普及することを心から願っています。

CADL普及推進委員会　代表　高室 成幸

著者紹介

高室 成幸（たかむろ　しげゆき）

ケアタウン総合研究所　代表。　ケアプラン評論家。CADL提唱者。日本福祉大学社会福祉学部社会福祉学科卒。卒業後、劇団に所属（この経験から「コミュニケーション・ケア」を提唱）。その後、出版社にて編集者、PR会社にてPRプランナーを経験。30代は外資系金融機関でマネジメントを学ぶ。40歳になった2000年にケアタウン総合研究所設立。「介護支援専門員」と「在宅介護支援センター」の育成をスタート。厚生労働省の地域包括支援センター設立プロジェクトチームにも参画。ケアプラン点検支援マニュアル（平成27年度）の執筆にもかかわる。以後、全国の都道府県・市町村介護保険課、ケアマネジャー団体、社会福祉協議会からの依頼で研修、コンサルテーションを行う。テーマはケアマネジメント、ケアプラン（介護予防プラン含む）、支援困難ケース、高齢者虐待、ハラスメント、地域ケア会議、モチベーション、質問力、会議力など。「利用者（家族）に伝わるケアプラン書き方術」（中央法規出版）、「地域ケア会議コーディネートブック」（第一法規）、「地域支え合いマップを活用したケアプランづくり」（第一法規）など単著10冊、共著6冊、監修書多数。月刊ケアマネジメントにCADLをテーマに連載中。専門紙・誌、ケア専門サイトに寄稿多数。

2023年秋、急性骨髄性白血病を発症。「おしゃべり白血病患者」八傑くんとしてnoteにも連載中。

奥田 亜由子（おくだ　あゆこ）

ふくしの人づくり研究所代表。主任介護支援専門員、社会福祉士、成年後見人。日本福祉大学大学院社会福祉学福祉マネジメント修士。金城学院大学人間科学部非常勤講師（社会福祉士養成のための社会福祉援助技術論、相談援助演習など）。日本福祉大学ケアマネジメント技術研究会。日本福祉大学卒業後、知的障害者入所施設の生活指導員を経て、在宅介護支援センターでソーシャルワーカー（社会福祉士）として勤務。1999年から介護支援専門員も兼務し、特別養護老人ホームの施設ケアマネジャーと居宅介護支援事業所のケアマネジャーとしても実践を重ねながら、介護支援専門員の実務研修・更新研修・主任介護支援専門員などの指導者となる。日本ケアマネジメント学会理事、愛知県介護支援専門員協会理事。愛知県社会福祉士会高齢者支援委員会委員長及び高齢者虐待対応専門職チーム委員。名古屋市社会福祉協議会苦情調整委員会委員。著書：『地域包括ケア時代の施設ケアプラン記載事例集～チームケア実践～』（共著・日総研出版）『ケアマネジメントの実務』（新日本法規出版）など多数。

綿貫 哲（わたぬき　てつ）

けあデザインラボ代表、人材育成コンサルタント。埼玉大学理学部生体制御学科卒業。グロービス経営大学院に在学中。主任介護支援専門員、社会福祉士。長年、福祉・介護業界に携わり、特別養護老人ホーム、ケアハウス、デイサービス、居宅介護支援事業所などで介護職員、生活相談員、施設長、介護支援専門員、母子生活支援施設にて事務員兼少年指導員などの役職を経験。秋田市社会福祉審議会委員等。秋田県介護支援専門員協会理事。テーマはケアマネジメント、高齢者虐待、身体拘束、倫理綱領・行動規範、人材マネジメント、ミドルマネジメント等。介護支援専門員の実務研修、更新研修、主任介護支援専門員研修、介護認定審査会委員研修、社会福祉士基礎研修講師等で、「ケアとは何か」を問いながら、インタラクティブな研修を推進。

参考文献

〈ケアマネジメント〉

- ICF国際生活機能分類：国際障害分類改定版　2002/8/1　障害者福祉研究会（編集）（中央法規出版）
- 介護保険サービスとリハビリテーション〜ICFに立った自立支援の理念と技法〜　2004/5/20　大川弥生（著）（中央法規出版）
- 「よくする介護」を実践するためのICFの理解と活用〜目標指向的介護に立って〜　2009/7/1　大川弥生（著）（中央法規出版）
- ケアマネジメントの本質：生活支援のあり方と実践方法　2018/1/19　白澤 政和（著）（中央法規出版）
- 図説ケアマネジメント　1997/8/1　野中 猛（著）（中央法規出版）
- 多職種連携の技術〜地域生活支援のための理論と実践〜　2014/9/1　野中 猛（著），野中ケアマネジメント研究会（著）（中央法規出版）
- 第2版入門編ICF（国際生活機能分類）の理解と活用　〜人が「生きること」「生きることの困難（障害）」をどうとらえるか〜　2005/10/1　上田 敏（著）　（発行　きょうされん）
- 介護保険「ケアプラン点検支援マニュアル」活用の手引　2008/11/1　ケアプラン点検支援マニュアル活用の手引編（中央法規出版）
- 未来・解決志向ブリーフセラピーへの招待　2022/7/12　黒沢 幸子（編集）（日本評論社）
- 新・ケアマネジメントの仕事術〜現場実践の見える化と勘所〜　2015/7/1　高室 成幸（著）（中央法規出版）
- ケアマネジャーの質問力　2009/6/1　高室 成幸（著）（中央法規出版）
- 「地域支え合いマップ」を活用したケアプランづくり〜インフォーマルな社会資源で利用者の「いきいき」を引き出す！〜　2025/3/17　高室 成幸（著）（第一法規）
- 死を前にした人に向き合う心を育てる本〜ケアマネジャー・福祉職・すべての援助者に届けたい視点と看取りケア〜　2019/12/21　小澤 竹俊（著），相田 里香（著）　（中央法規出版）
- 認知症世界の歩き方 2021/9/15　筧 裕介（著），樋口直美（監修）（ライツ社）
- 認知症の私から見える社会（α新書）　2021/9/17　丹野 智文（著）（講談社）
- 丹野智文 笑顔で生きる〜認知症とともに〜　2017/7/13　丹野 智文（著），奥野 修司（著）　（文藝春秋）
- 認知症の人の"困りごと"解決ブック 本人・家族・支援者の気持ちがラクになる90のヒント 2023/8/16　稲田 秀樹（著）　（中央法規出版）
- 認知症とともにあたりまえに生きていく〜支援する、されるという立場を超えた9人の実践〜　2021/6/11　矢吹 知之（著，編集），丹野 智文（著，編集）（中央法規出版）
- 老いの地平線 91歳 自信をもってボケてます　2023/7/31　樋口　恵子（著）（主婦の友社）

〈ポジティブ心理学〉

- ポジティブ心理学の挑戦 "幸福"から"持続的幸福"へ　2014/10/29　マーティン・セリグマン（著），宇野カオリ（翻訳）（ディスカバー）
- 実践 ポジティブ心理学 幸せのサイエンス　2017/8/10　前野 隆司（著）（PHP新書）
- 「ウェルビーイング」 2022/3/19　前野 隆司（著），前野 マドカ（著）（日経文庫）
- 幸福だけが人生か？ポジティブ心理学55の科学的省察　2016/4/20　C．ピーターソン（著），宇野 カオリ（翻訳）（春秋社）

〈家族学、民俗学ほか〉

- 昭和・平成家庭史年表　1945-2000　下川 耿史、家庭総合研究会 | 1998/1/1（河出書房新社）
- 増補新版　現代世相風俗史年表　1945-2008　世相風俗観察会編　2009/3（河出書房新社）
- 変わる家族と介護 2010/12/17　春日 キスヨ（著）（講談社現代新書）
- ライフイベントの社会学　2003/8/1　片瀬 一男（著）（世界思想社）
- 第4版 家族社会学──基礎と応用── 2022/12/20　園井ゆり、浅利　宙、倉重加代（編集）、園井ゆり、浅利　宙、倉重加代、森　康司、青山泰子（著）（九州大学出版会）
- 迷走する家族：戦後家族モデルの形成と解体　2005/12/1　山田 昌弘（著）（有斐閣）
- 物語としてのケア―ナラティヴ・アプローチの世界へ 2002/6/1　野口 裕二（著）（医学書院）
- 驚きの介護民俗学　2012/2/27　六車 由実（著）（医学書院）
- 自分でできる ファミリーヒストリーを調べよう！ご先祖の足跡と家族の物語を辿って作るノート　2022/9/11　吉田 富美子（著），阿部 千香子（著）（二見書房）
- 男性学の新展開　2009/12/19　田中俊之（著）（青弓社）
- 老いを読む老いを書く　2024/11/20　酒井順子著　（講談社現代新書）
- 老人力　1998/9/1　赤瀬川 原平（著）（筑摩書房）

CADLハンドブック第1集

CADLと「らしさ」～本人支援の"新しい視座"～

発行日	2025年3月31日
著者	CADL普及推進委員会（高室成幸　奥田亜由子　綿貫哲）
発行人	波田　敦
発行所	株式会社環境新聞社 〒160-0004　東京都新宿区四谷3-1-3　第一富澤ビル 電話　03-3359-5371（代）　FAX 03-3351-1939
編集人	吉田乃美　吉川しづか（月刊ケアマネジメント編集部）
デザイン	栗田智美
印刷・製本	株式会社平河工業社
価格	￥1000（本体・税別）
ホームページ	https://www.care-m.net